Karin Weiß

Kinder in der Tagespflege

Karin Weiß

Kinder in der Tagespflege

Grundlagen und Praxiswissen

FREIBURG · BASEL · WIEN

Originalausgabe

© Verlag Herder GmbH, Freiburg im Breisgau 2007
Alle Rechte vorbehalten
www.herder.de

Umschlaggestaltung und -konzeption:
R·M·E Roland Eschlbeck, Rosemarie Kreuzer
Umschlagfoto und Abbildungen auf den Seiten 11, 64, 103, 121
© Hartmut W. Schmidt, Freiburg
Satz: Barbara Herrmann, Freiburg
Lektorat: Eva Killmann von Unruh, München
Herstellung: fgb · freiburger graphische betriebe 2007
www.fgb.de

Gedruckt auf umweltfreundlichem, chlorfrei gebleichtem Papier
Printed in Germany

ISBN 978-3-451-32087-3

Inhalt

Vorwort 9

1 Tagespflege – Aktuelle Entwicklungen und Grundlagen für den Start 11

1.1 Tagespflege als gleichwertiges Erziehungs-, Bildungs- und Betreuungsangebot 11
Wie ist der Stand beim Ausbau der Kindertagespflege? 22
Der Stellenwert der Tagespflege im System der Kindertagesbetreuung 26

1.2 Tätigkeit in der Tagespflege – Voraussetzungen und Vorgaben 28
Wer wird und ist Tagesmutter? 30
Welche Voraussetzungen sind für die Tagespflegetätigkeit notwendig? 34
Was haben Tagesmütter von ihrer Tätigkeit? – Soziale Sicherung, Verdienstmöglichkeiten und berufliche Aspekte 45
Wie kommen Tagesmutter und Tageskind zusammen? 55
Die Tagesmutter als Unternehmerin 59

2 Tagespflege – Praxiswissen für die Arbeit mit den Kindern 64

2.1 Pädagogischer Auftrag: Förderung, Bildung und Erziehung 65
Die Vorgaben im Kinder- und Jugendhilfegesetz 65
Bildungspläne für Kinder in Tageseinrichtungen und Tagespflege 67
Das neue Bild vom Kind – im Spiegel der Bildungsprogramme 69

Bildungspläne – Arbeitsgrundlage für die Praxis der Tagespflege? ... 70

2.2 Die Basis der pädagogischen Arbeit ... 72
Bindung als zentrales Konzept in der Kindertagespflege ... 72
Die Tagesmutter als Bindungsperson ... 75
Die Pflegesituation als bedeutsame Begegnung ... 77
Beziehungsgestaltung in der Pflegesituation ... 84

2.3 Bildung in der frühen Kindheit – Bildung in der Tagespflege ... 85
Bildung in der Tagespflege – ein Beispiel: die Sprachentwicklung unterstützen ... 88
Wie kann eine Tagesmutter die Sprache im Alltag fördern? ... 92

2.4 Der Alltag als Bildungsgelegenheit in der Tagespflege ... 96
Im konkreten Tun die Welt erkunden – der Alltag als pädagogische Situation ... 96
Systematisches Beobachten in der Tagespflege? ... 100
Bildungspläne als Ideenfundus ... 101

3 Tagespflege – Praxiswissen für die Zusammenarbeit mit den Eltern ... 103

3.1 Die Sicht der Eltern auf die Tagespflege ... 106
Zeitlich variable Betreuungsmöglichkeiten ... 107
Kostenaspekte ... 108
Familienähnlichkeit und Familiennähe der Tagespflege ... 110

3.2 Mütter als Expertinnen ihrer Kinder wahrnehmen – die Voraussetzung einer guten Beziehung ... 112
Verhältnis zwischen Mutter und Tagesmutter ... 112
Perspektivenwechsel – in die Eltern hineinversetzen ... 114

3.3 Das Beziehungssystem Tagespflege braucht besondere Sorgfalt ... 114
Die Stabilität des Betreuungsverhältnisses im Zentrum der Zusammenarbeit ... 115
Konflikten vorbeugen: Betreuungsvertrag und fachliche Beratung ... 115

3.4 Gespräche und Kooperation mit den Eltern –
die kommunikative Kompetenz der Tagesmutter 117
Gespräche mit Eltern – regelmäßiger gegenseitiger Austausch 117
Die Tagesmutter als Lotsin oder Regisseurin der Kommunikation 119

4 Tagespflege – Neue fachliche Netzwerke 121

4.1 Tagesgroßpflege 122
Aufstiegsmöglichkeit im Tätigkeitsfeld 122
Rahmenvorgaben für Tagesgroßpflegestellen 124

4.2 Kooperation von Kindertagespflege und Kindertagesstätten 127
Basis für die Kooperation 130
Formen der Kooperation – Beispiele aus der Praxis 135

4.3 Tagespflege online 138

Anhang 141

Literatur 141

Filmtipps 144

Internettipps 144

Vorwort

Die Politik hat den Ausbau der Betreuung von Kindern unter drei Jahren und die Förderung der Bildung in der frühen Kindheit vermehrt als Themen und als Bedarf von Eltern entdeckt. Die Betreuungsform Kindertagespflege erfährt in der Folge öffentliche Aufmerksamkeit in einem vorher nicht gekannten Ausmaß. Kindertagespflege ist eine familiennahe Dienstleistung, bei der eine so genannte Tagespflegeperson regelmäßig bis zu fünf fremde Kinder für mindestens 15 Wochenstunden länger als drei Monate in ihrem eigenen Haushalt, im Haushalt der Eltern oder neuerdings auch in anderen geeigneten Räumen gegen Entgelt betreut. Zu den spezifischen Merkmalen des Betreuungsangebots Kindertagespflege zählen zeitliche Flexibilität, Kostengünstigkeit für den öffentlichen Träger, Alltagsnähe und das Arbeiten in kleinen Gruppen. Letzteres und der familienähnliche Rahmen machen die Tagespflege für kleine Kinder besonders geeignet.

Einen anerkannten Beruf »Tagespflegeperson« gibt es bisher nicht. Doch die in der Tagespflege – ganz überwiegend – tätigen Frauen sehen sich vor neuen Herausforderungen: Erlaubnispflicht, Eignungsüberprüfung, verpflichtende Qualifizierung, Reglementierung der Gruppengröße, Krankheitsvertretung und fachliche Begleitung sollen die Betreuungsform fachlich und strukturell sichern. Für die Tagesmütter bedeutet das: mehr Struktur, mehr Verbindlichkeit, mehr Überprüfbarkeit, ein stärkerer Akzent auf Bildung im Betreuungsalltag, eventuell größere Gruppen und neue Kooperationsbezüge – aber auch neue Chancen für eine berufliche Existenz.

Die neue Gesetzeslage und aktuelle Entwicklungen im System der Kindertagesbetreuung eröffnen auch neue Möglichkeiten der Zusammenarbeit zwischen Tagesstätten und Tagespflege. Die

Vorwort

Tagespflege rückt damit stärker in den Gesichtskreis von Erzieherinnen. Diejenigen, die mit Tagesmüttern kooperieren wollen oder sollen, erfahren hier, was bei der Zusammenarbeit zu beachten ist. Für Erzieherinnen, die an einer Tagespflegetätigkeit interessiert sind, werden die Anforderungen zur Aufnahme dieser selbstständigen Tätigkeit deutlich.

Das Buch verschafft einen grundlegenden Überblick über die Tagespflege und hilft, sich praxisnah zu orientieren und zu informieren. Die Grundlagen der familiennahen Tagesbetreuung von Kleinkindern, Hinweise zur alltäglichen Umsetzung frühkindlicher Bildung, zur Zusammenarbeit zwischen Eltern und Betreuungspersonen und zu den neuen Möglichkeiten der Kooperation zwischen Kindertageseinrichtungen und Tagespflege werden klar dargestellt. Das Betreuungssystem Tagespflege wird umfassend von allen Seiten beleuchtet. Die aktuellen Diskussionen und Trends sind berücksichtigt.

Meine langjährige Arbeit im Deutschen Jugendinstitut (DJI) steht in einer Forschungstradition, die mit dem ersten bundesdeutschen Tagesmütter-Projekt in den 1970er-Jahren begründet wurde. Wissen aus den Forschungszusammenhängen und die Ergebnisse der Praxisentwicklung fließen unmittelbar in dieses Buch ein. Eltern und Tagesmütter, die sich in der Studie zur Münchner Kindertagespflege eingebracht haben, kommen an vielen Stellen zu Wort. Inhalte des DJI-Curriculums zur Kindertagespflege sind ebenfalls eingearbeitet. In diesem Zusammenhang möchte ich mich herzlich bedanken bei Renate Niesel vom Staatsinstitut für Frühpädagogik (IFP) für die gelungene Kooperation zur zweiten Auflage beim Thema »Bildung in der frühen Kindheit«.

Karin Weiß, im August 2007

1
Aktuelle Entwicklungen und Grundlagen für den Start

1.1 Tagespflege als gleichwertiges Erziehungs-, Bildungs- und Betreuungsangebot

Eltern haben per Kinder- und Jugendhilfegesetz einen Anspruch darauf, bei der Tagesbetreuung und Förderung ihrer Kinder »zwischen Einrichtungen und Diensten verschiedener Träger zu wählen und Wünsche hinsichtlich der Gestaltung« zu äußern (§ 5 SGB VIII). Das bedeutet, ihnen ist die Möglichkeit zu eröffnen, sich je nach persönlicher Vorliebe für eine Form der Betreuung in einer Tageseinrichtung oder für Tagespflege zu entscheiden. Damit die Eltern das auch tun können, müssen die verschiedenen Betreuungsformen überall in ausreichendem Umfang angeboten werden.

Da das bisher in Deutschland nicht der Fall war, wurde die gesetzliche Grundlage für die Förderung von Kindern in Tageseinrichtungen und in Kindertagespflege im Jahr 2005 komplett neu geordnet (§§ 22–24 und § 43 SGB VIII). Die Reformen wurden durchgeführt im Rahmen des »Tagesbetreuungsausbaugesetzes TAG« und des »Gesetzes zur Weiterentwicklung der Kinder- und Jugendhilfe KICK«. Die neuen Gesetze entsprechen dem Anliegen, für die Zukunft ein integriertes und vielfältiges System der Tagesbetreuung für Kinder zu entwickeln. Es wurden Fördergrundsätze formuliert, die sowohl für Tageseinrichtungen als auch für Kindertagespflege gelten. Ein gemeinsamer Förderungsauftrag wurde betont. Damit ist die Kindertagespflege der Form nach zu einem Angebot aufgewertet, das dem der Tageseinrichtungen gleichrangig sein soll. Gesetzliche Zielvorgabe und Umsetzung klaffen derzeit jedoch noch auseinander. Für Tageseinrichtungen und Tagespflege gelten in vielerlei Hinsicht unterschiedliche Bedingungen. Die Unterschiede beginnen bei der Ausbildung der Betreuungspersonen und reichen bis zur Höhe der Elternbeiträge, die für Tageseinrichtungen und Tagespflege zu bezahlen sind.

Was genau ist eigentlich Kindertagespflege?
Von einem Kindertagespflegeverhältnis spricht man dann, wenn ein Kind von einer Person für mindestens 15 Stunden wöchentlich während des Tages betreut wird (keine Vollzeitpflege). Die Betreuungsperson darf, um als Tagespflegeperson anerkannt zu werden, nicht zum engeren Haushalt der Eltern gehören. Die Betreuung erfolgt im Rahmen eines Tagespflegeverhältnisses gegen Entgelt, regelmäßig und ist auf längere Zeit angelegt (länger als drei Monate). Der Ort der Betreuung kann entweder im Haushalt der Betreuungsperson oder im Haushalt der Eltern liegen. Bei letzterer Variante wird die Tagesmutter traditionell auch als »Kinderfrau« bezeichnet. Seit dem Tagesbetreuungsausbaugesetz aus dem Jahr 2005 können die Kinder auch in anderen geeigneten Räumen betreut werden, z. B. in einer eigens für diesen Zweck angemieteten Wohnung oder in Räumen einer Kindertageseinrichtung. Eine Tagespflegeperson kann bis zu fünf fremde Kinder betreuen (§ 43 SGB VIII). Sie muss für diese Tätigkeit ihre persönliche und fachliche Eignung überprü-

fen lassen und sich durch geeignete Qualifizierung auf die Tätigkeit vorbereiten. Sind diese Voraussetzungen erfüllt, erhält sie vom Jugendamt eine Erlaubnis für die Tagespflege.

Im Schnitt über ganz Deutschland hinweg und unter Einbeziehung der privat organisierten Pflegeverhältnisse wird die Tagespflege mehrheitlich als Betreuungsform für Kinder unter drei Jahren genutzt (van Santen 2006; Bien/Rauschenbach/Riedl 2006). Ergänzend wird sie für Kinder von drei bis sechs Jahren auch mit Tageseinrichtungen kombiniert, wenn deren Öffnungszeiten nicht mit den Arbeitszeiten der Eltern zusammen passen, und für schulpflichtige Kinder, wenn keine ausreichende institutionelle Tagesbetreuung zur Verfügung steht. Entsprechend den Arbeitszeiten ihrer Mütter sind diese Kinder in Westdeutschland häufig Teilzeit in Tagespflege untergebracht. Die Tendenz zur Vollzeitbetreuung bzw. zur Betreuung an fünf Wochentagen ist in Ostdeutschland wesentlich höher (amtliche Kinder- und Jugendhilfestatistik 2007). Durchschnittliche 18 Stunden pro Woche werden die Kleinkinder deutschlandweit zurzeit von ihrer Tagesmutter betreut (van Santen 2006). Dieses Nutzungsmuster unterscheidet sich kaum von dem für Gleichaltrige in Tageseinrichtungen.

Der Alltag in einer Tagespflegestelle
Der Ort der Tagespflege ist überwiegend der private Familienhaushalt der Tagespflegeperson. Die Tagesgruppe umfasst per Definition nicht mehr als fünf gleichzeitig anwesende Tageskinder. Besonders in Westdeutschland sind es aber häufig auch weniger Kinder. Tagesmütter betreuen oft auch eigene Kinder mit. Die Kindergruppe ist häufig altersgemischt: Von Säuglingen und Kleinkindern über Kindergartenkinder bis hin zu Schulkindern sind alle Altersstufen in der Tagespflege vertreten. Die begrenzte Anzahl von Kindern erlaubt den Tagesmüttern, sich Zeit für die einzelnen Kinder zu nehmen und individuell auf sie einzugehen. Die gruppendynamischen Prozesse bleiben in einem überschaubaren Rahmen.
Der Betreuungsort Privathaushalt ermöglicht die Gestaltung eines Tagesablaufs, der an der alltäglichen Lebensführung orientiert ist. Der ge-

lebte Alltag mit den Aufgaben der Haushaltsführung wie Einkaufen, Kochen, Putzen, Gartenarbeit etc. kann so gestaltet werden, dass er Kindern vielfältige Möglichkeiten zur Beteiligung und Lernanregungen mit »Echtheitscharakter« bietet. Das kommt dem gesetzlich vorgeschriebenen Bildungsauftrag entgegen. Künstliche Lernsituationen müssen nicht arrangiert werden.
Der Kontakt zwischen Eltern und Betreuungsperson ist bei der Tagespflege in der Regel näher und kann persönlicher als in einer institutionellen Betreuungssituation gestaltet werden. Bei entsprechender Sympathie sind sich Tagesmutter und Mutter/Eltern oft auch freundschaftlich verbunden. Die Abholsituation bietet Gelegenheit für entsprechende Begegnungen. Der familiäre Rahmen der Tagespflege wird als zusätzliches Plus erlebt: Gerade alleinerziehende Mütter oder Mütter von Einzelkindern beschreiben die Tagespflege als willkommene Möglichkeit, ihr Kind in nahen Kontakt mit einer zusätzlichen, »vollständigen« Familie zu bringen. Sie schätzen mitunter auch, wenn im Hintergrund der Tagespflegefamilie ein Vater als Bezugsperson in Erscheinung tritt. Die Kinder der Tagesmutter oder auch die anderen Tageskinder haben nicht selten geschwisterähnlichen Stellenwert für die Tageskinder. Auch jüngere Mütter begrüßen die »Erziehungspartnerschaft« mit der Tagesmutter. Die Verbindung zu einer erfahrenen Betreuerin, die auch Erziehungsverantwortung übernimmt, erleben sie als Unterstützung im Umgang mit dem eigenen Kind. (Münchner Studie, Weiß 2006)
Die Betreuungszeiten in einer Tagespflegestelle können Eltern meist individuell vereinbaren und müssen sich nicht in einen Rahmen von normierten Betreuungszeiten einfügen. Die Kinder sind deshalb oft unterschiedlich lange und auch nicht unbedingt jeden Tag bei ihrer Tagesmutter. Im Tagespflege-Alltag gibt es in aller Regel keine festen Bring- und Abholzeiten, zu denen alle Kinder gleichzeitig kommen oder gehen.

Die neuen Regelungen im Kinder- und Jugendhilfegesetz (SGB VIII) stellen die Tagespflege in ihrer Funktion als Betreuungsform für Kinder unter drei Jahren heraus. Den Kommunen wird dazu ein konkretes Ausbauprogramm bis zum Jahr 2010 vorgegeben: Bis dahin müssen sie ein »bedarfsgerechtes« Angebot vorhalten und allen berufstätigen, in Ausbildung befindlichen oder als arbeitssuchend gemeldeten Eltern mit Kleinkindern einen Betreuungsplatz zur Verfügung stellen. Dieser

Gleichwertiges Erziehungs-, Bildungs- und Betreuungsangebot

Ausbauplan wurde im Frühjahr 2007 mit der Forderung des Bundesfamilienministeriums überholt, bis zum Jahr 2013 Plätze für 35 Prozent aller unter Dreijährigen zur Verfügung zu stellen. Laut Kinder- und Jugendhilfestatistik lag die Betreuungsquote in Tageseinrichtungen und öffentlicher Tagespflege bei den unter Dreijährigen im März 2006 bundesweit bei knapp 14 Prozent, wobei es in Ostdeutschland fast fünfmal so viele Plätze gab wie in Westdeutschland. Damit liegt Deutschland im Schnitt von Ost und West bei der Tagesbetreuung von Kleinkindern statistisch am unteren Ende der europäischen Rangliste. Deutschland belegt auch bei der Geburtenrate einen der letzten Plätze auf der europäischen Skala. Weil bekannt ist, dass es einen Zusammenhang zwischen Geburtenrate und familienfreundlicher Infrastruktur gibt, wird dringender Ausbaubedarf gesehen – vor allem in Westdeutschland. Das bis zur Zielmarke dort zu schaffende Platzkontingent scheint riesig.

Im Tagesbetreuungsausbaugesetz (TAG) wurde davon ausgegangen, dass für die bedarfsgerechte Versorgung in den westdeutschen Bundesländern einschließlich Berlin bis zum Jahr 2010 insgesamt rund 230.000 neue Betreuungsplätze geschaffen werden müssen. Nun sollen bis zum Jahr 2013 gut doppelt so viele neue Plätze entstehen. Nicht zuletzt, weil die Kostenstruktur für den öffentlichen Träger so günstig ist, soll die Tagespflege im Rahmen des beabsichtigten Ausbaus einen wesentlichen Beitrag leisten, nämlich 30 Prozent der Bedarfsdeckung.

Die neuen Rechtsvorgaben zur Kindertagesbetreuung nehmen aber nicht nur den mengenmäßigen Ausbau in den Blick. Auch Qualitätsaspekte werden stärker hervorgehoben. Entschiedener als vorher wird betont, dass die Betreuung in Tagesstätten und in familiärer Tagespflege zukünftig gleichgestellt sein soll. Die neuen Vorgaben zielen auf ein Verbundsystem der Kinderbetreuung ab, in dem Eltern die ihrem Kind und ihnen gemäße

Form auswählen können. Eine Reihe von neuen Regelungen soll die Sicherheit der Tagespflege erhöhen.

Das Vertrauen in die Zuverlässigkeit, die Qualität und die Sicherheit der Betreuungsform Tagespflege war in der Vergangenheit nicht durchgängig gegeben. Obwohl in den zurückliegenden Jahrzehnten Scharen von engagierten Tagesmüttern hervorragende Arbeit geleistet und ganze Generationen von Kindern großgezogen haben, kennen viele auch ein negatives Beispiel zum Thema. In einer Zufriedenheitsbefragung zur Kindertagespflege (Münchner Studie, Weiß 2006) formulierten Mütter ihre Unsicherheiten: »Ich hab' eine Tagesmutter kennen gelernt, die hat ständig so Skinhead-Musik gehört und war in dieser Szene. Man hat schon so schlimme Dinge gehört. Da hätte ich ein sehr ungutes Gefühl, mein Kind da zu lassen. Oder wenn es zugequalmt wird oder nicht beachtet wird. Welche Sicherheit gibt es eigentlich?« Eine andere Mutter erzählt: »Der Mann ist auch manchmal da und passt auf die Kinder auf oder die Schwiegermutter nebenan. Da weiß man auch nicht so genau, wie das geht. Bei einer Krippe ist ein größerer Kontrollmechanismus da, weil es mehr Betreuerinnen sind. Eine Tagesmutter ist ja allein mit ihren Kindern und den Tageskindern, das sind immer meine Bedenken gewesen.«

Tagespflege und Tageseinrichtungen – Unterschiede in der Infrastruktur
In beiden Arrangements – bei Tagespflege wie bei Tageseinrichtungen – geht es um die Erziehung, Bildung und Betreuung von Kindern. Im Kinder- und Jugendhilfegesetz sind die zwei Angebotsformen neuerdings denn auch als gleichrangig eingestuft. Der dort verankerte Förder- und Bildungsauftrag gilt gleichermaßen für Tagespflege und Tagesstätten. Die bisher von der öffentlichen Hand eher vernachlässigte Kindertagespflege soll sich über diesen Impuls zu einer gleichwertigen Alternative entwickeln. Beide Betreuungsarten sind dem Wohlergehen des Kindes verpflichtet und müssen seine Sicherheit gewährleisten. Sie sollen unter anderem dazu beitragen, Benachteiligungen zu vermeiden und abzu-

Gleichwertiges Erziehungs-, Bildungs- und Betreuungsangebot

bauen sowie die Gleichberechtigung von Mädchen und Jungen zu fördern (§§ 1, 8a, 9, 22 SGB VIII).
In der Infrastruktur der beiden Betreuungsformen gibt es in Deutschland (noch) deutliche Unterschiede – dazu gehören: Erzieherinnen und auch Kinderpflegerinnen absolvieren eine mehrjährige Ausbildung für ihre Tätigkeit. Um die Erzieherinnen-Ausbildung hierzulande den europäischen Nachbarländern anzugleichen, werden seit kurzem auch Hochschul-Studiengänge angeboten. Die Qualifizierung für Tagespflegepersonen dagegen umfasst nach dem derzeit fachlich anerkannten Standard 160 Unterrichtsstunden (Weiß/Stempinski/Keimeleder/Schumann 2007), das entspricht circa vier bis fünf Wochen Vollzeitunterricht. An vielen Orten wird diese Stundenzahl bei der Qualifizierung noch unterschritten.
Die Betreuungsformen werden auch unterschiedlich öffentlich finanziert. Im Effekt sind die Betreuungskosten für Tagespflege und Kindertagesstätten unterschiedlich hoch. Ein Platz in einer Tagespflegestelle ist für die Eltern fast überall in Deutschland deutlich teurer als ein Platz in einer Tagesstätte. Für die öffentliche Hand ist die Tagespflege jedoch die günstigere Variante: Ein Tagespflege-Platz kostet die zuständigen Jugendämter deutlich weniger als ein Krippenplatz. Das hängt unter anderem damit zusammen, dass Tagespflegepersonen im Gegensatz zu Erzieherinnen oder Kinderpflegerinnen in Tagesstätten beruflich selbstständig und im eigenen Haushalt tätig sind. Bisher sind sie in Deutschland nur in seltenen Ausnahmefällen bei einem öffentlichen Träger (Jugendamt) oder einem freien Träger (z. B. Wohlfahrtsverband oder Tagespflegeverein) angestellt.
Die Anbindung an eine offizielle Trägerinstitution mit einem entsprechenden Organisationsrahmen war in der Tagespflege in Deutschland bis vor kurzem nicht zwingend notwendig. Anders als in einer Kindertageseinrichtung hatten viele Tagesmütter deshalb keinen Kolleginnenkreis, es gab keine Ersatzbetreuung bei Ausfall der Tagesmutter und ihre Tätigkeit wurde auch nicht fachlich begleitet. Mit den Gesetzesänderungen im Jahr 2005 wurde der notwendige fachliche Zusammenhang verbindlich verankert (§§ 23 und 43 SGB VIII).

Die Kindertagespflege ist nach der Gesetzesnovellierung aus dem Jahr 2005 mehr als jemals vorher profiliert als reguläre Förderleistung für Kinder und als familienunterstützendes Angebot der Kinder- und Jugendhilfe. Die Betreuungsform hat bis zu diesem Punkt eine mehrere Jahrzehnte umspannende Entwicklungsgeschichte durchlaufen:

In den frühen 1970er-Jahren war die zunehmende Berufstätigkeit von Müttern in Westdeutschland noch stärker als heute an die Grundsatzfragen gebunden: Dürfen Mütter kleiner Kinder überhaupt berufstätig sein? Und: Schadet Wechsel- bzw. Fremdbetreuung den Kindern? Vor dem Hintergrund eines spezifisch westdeutschen Muttermythos, der berufstätige Mütter zu »Rabenmüttern« erklärte, die Rolle berufstätiger Väter in der Familie jedoch nicht hinterfragte, entbrannten um diese Fragen heftige Kontroversen. In der Öffentlichkeit wurden Expertendiskussionen zum Thema geführt. Privat wurden die Konflikte in den Paarbeziehungen ausgetragen. Westdeutschen Müttern, und nach dem politischen Wechsel auch ostdeutschen Müttern, wurde pauschal »übersteigerte Erwerbsneigung« attestiert. Ein bedarfsgerechter Ausbau der Betreuung für kleine Kinder wurde im Westen nicht vorgenommen.

Parallel zur politisch motivierten Kinderladen-Bewegung mit reformpädagogischen Konzepten verbreiteten sich informelle Formen von Kinderbetreuung als Ersatz für fehlende Krippenplätze. Das, was sich damals als »Tagespflege« einen Namen zu machen begann, wurde aber auch kritisiert als unqualifizierte Betreuungsform, bei der die Kinder nicht ausreichend Gruppenerfahrung sammeln könnten. Von anderer Seite wurde befürchtet, dass Frauen als Tagesmütter zu stark auf die Mutterrolle und auf den Haushalt fixiert und damit gesellschaftlich noch weiter an den Rand gedrängt würden.

Die frühe kritische Diskussion der Kindertagespflege hat jedoch nicht dazu geführt, dass sie unter öffentliche Verantwortung gestellt und fachlich besser ausgestattet wurde. Auch die institutionellen Betreuungsangebote in Tageseinrichtungen sind mengenmäßig und von der Qualität her in Westdeutschland nicht dem Niveau in den skandinavischen Ländern angegli-

Gleichwertiges Erziehungs-, Bildungs- und Betreuungsangebot

chen worden. Bewegung in die Betreuungslandschaft brachte im Jahr 1973 erstmals ein Artikel in der Zeitschrift »Brigitte«, der einiges Aufsehen erregte. Unter dem Titel »Wir fordern einen neuen Beruf: Tagesmütter« wurde auf die in Schweden bei den Gemeinden angestellten Tagesmütter hingewiesen. In der Folge bildeten sich in Westdeutschland mehr als 50 Initiativgruppen von Eltern und Tagesmüttern, die vergleichbare Regelungen wie in Schweden wollten.

Das Modellprojekt »Tagesmütter« des Deutschen Jugendinstituts (DJI) im Auftrag des damaligen Bundesministeriums für Jugend, Familie und Gesundheit, das erste Forschungsvorhaben zum Thema Tagespflege in der Bundesrepublik Deutschland, nahm diese Initiativen 1974 auf. Im Projekt wurde nachgewiesen, dass kleine Kinder in Tagespflege sich ebenso gut wie vergleichbare Kinder entwickelten, die zu Hause betreut wurden. Die Tageskinder zeigten darüber hinaus mehr soziale Initiative und waren weniger ängstlich. Damit war erwiesen: Qualifizierte Betreuung durch Tagesmütter kann Kindern Entwicklungsvorteile verschaffen. Im Projekt wurden außerdem Maßnahmen erprobt, die qualitativ gute Betreuung unterstützen konnten. Nach dem Projektende wollte ein Teil der Modellstandorte weiterarbeiten. Die Finanzierung der Bedingungen für gute Betreuungsqualität blieb jedoch schwierig. Flächendeckend wurden die ermittelten Standards guter Praxis nicht eingeführt (vgl. Weiß 2004).

Ausgehend von Modellen guter Praxis erwirkten in den darauf folgenden Jahrzehnten engagierte Tagesmütter und Einzelpersonen in Jugendämtern Maßnahmen des Qualitätsaufbaus in der Tagespflege. Sie erreichten Verbesserungen für Kinder, Tagespflegepersonen und Eltern und fanden Lösungen für regionale Problemstellungen. Sie ließen sich dabei stets auch anregen durch das fachlich fortgeschrittene benachbarte Ausland. In Deutschland spielten der Bundesverband für Kindertagespflege e.V. (ehemals »tagesmütter Bundesverband für Kinderbetreuung in Tagespflege e.V.«) und seine regionalen Vereine bei der Weiterentwicklung der Tagespflege eine wichtige Rolle. Durch ihn wurden z. B. bundesweit verbindliche Qualitätsempfehlungen ausgesprochen und ein erster vorläufiger Lehrplan für die Ausbildung erarbeitet. In den vergangenen 30 Jahren hat sich die Tagespflege in Westdeutschland auf diese Weise von der Ausweichlösung zu einer von vielen Eltern geschätzten Alternative entwickelt.

Dies geschah auf die Fläche hin gesehen im Schatten öffentlich organisierter und finanzierter Kinderbetreuung. Denn neben diesen Initiativen für eine fachlich verankerte Kindertagespflege mit Anbindung an öffentliche oder freie Träger der Kinder- und Jugendhilfe gab es immer auch den so genannten »freien« oder »grauen« Markt, auf dem Kindertagespflege mehr oder weniger seriös ohne fachliche Begleitung und Kontrolle gehandelt wurde. Der größere Teil der Betreuungsverhältnisse in Tagespflege war und ist im Westen immer noch privat organisiert und finanziert. Das Verhältnis von öffentlicher und privater Tagespflege beträgt laut DJI-Kinderbetreuungsstudie bei den unter dreijährigen Kindern 1 zu 1,2. Das heißt, auf ein Kind in öffentlicher Tagespflege kommen 1,2 Kinder, die im Rahmen eines privaten Tagespflegeverhältnisses betreut werden (van Santen 2006). Eltern hatten bzw. haben hier außer ihrer eigenen Einschätzung und der Empfehlung von Dritten keinerlei Anhaltspunkt für die Güte, Verlässlichkeit und Sicherheit der Betreuung. Von hierher rühren die schlechten Erfahrungen, Ängste und Vorbehalte, die der Tagespflege entgegen gebracht werden (s. hierzu S. 16).

Erfahrungen aus der beschriebenen Entwicklung sind bereits im Jahr 1990 in das damals neue Kinder- und Jugendhilfegesetz (SGB VIII) eingegangen. Ein deutlicheres Zeichen für qualitative Ausgestaltung der Tagespflege ist aber erst mit den Reformen von 2005 gesetzt worden. Vorausgegangenen war die politische Entscheidung, die Betreuungsplätze für Kinder unter drei Jahren auszubauen.

Die gesetzlichen Grundlagen der Kindertagespflege

Der dritte Abschnitt des Sozialgesetzbuchs Achtes Buch (SGB VIII, Kinder- und Jugendhilfe) mit dem Titel »Förderung von Kindern in Tageseinrichtungen und in Kindertagespflege« wurde im Jahr 2005 komplett reformiert. Die Kindertagespflege wurde dabei im Rahmen des »Tagesbetreuungsausbaugesetzes TAG« und des »Gesetzes zur Weiterentwicklung der Kinder- und Jugendhilfe KICK« in den §§ 22 bis 24 und darüber hinaus in den §§ 43 und 90 neu geregelt. Tagespflege und Tageseinrichtungen werden in verschiedenen Paragraphen auf gleicher Augenhöhe genannt, dadurch erscheint die Tagespflege aufgewertet.

In § 22 »Grundsätze der Förderung« ist die Basis für ein Verbundsystem der Kindertagesbetreuung gelegt, das Tageseinrichtungen und Tagespflege zusammenfasst. Absatz 1 definiert die beiden Grundformen der Tagesbetreuung und verweist auf eine gegebenenfalls notwendige Abgrenzung zwischen ihnen. Absatz 2 benennt die Ziele der Förderung. Absatz 3 konkretisiert den Förderauftrag (s. hierzu Kapitel 2).

§ 22a »Förderung in Tageseinrichtungen« ist für die Tagespflege insoweit interessant, als darin die Fachkräfte von Tageseinrichtungen angehalten werden, zum Wohl der Kinder auch mit Tagespflegepersonen zusammenzuarbeiten. Das ist vor allem dann von Bedeutung, wenn ein Kind ergänzend zur Einrichtung in Tagespflege betreut wird. Brüche bei Übergängen zwischen den Betreuungsformen sollen vermieden werden (s. hierzu Kapitel 4).

In § 23 »Förderung in Kindertagespflege« werden Qualitätsanforderungen an Tagespflegepersonen und ihre Tätigkeit formuliert sowie die Zusammensetzung ihrer Honorierung beschrieben (s. hierzu Kapitel 1.2). In Absatz 4 ist der Anspruch von Tagespflegepersonen und Eltern auf Beratung in allen Fragen der Kindertagespflege festgehalten.

§ 24 »Inanspruchnahme von Tageseinrichtungen und Kindertagespflege« beinhaltet den Rechtsanspruch auf einen Kindergartenplatz und regelt die Inanspruchnahme der Tagespflege und anderer Tageseinrichtungen. Für Eltern von Kindern unter drei Jahren sind die Bedarfskriterien im Zusammenhang mit ihrer Berufstätigkeit beschrieben (s. hierzu Kapitel 3). In Absatz 3 wird dazu ein Mindestbedarf gesetzlich formuliert. Absatz 4 verweist auf die Informations- und Beratungspflicht der Jugendämter bei der Platzauswahl und Absatz 5 widmet sich der Tagespflege, für die keine Kriterien der Inanspruchnahme vorliegen.

Die »Übergangsregelung für die Ausgestaltung des Förderungsangebots« in § 24a lässt für diejenigen Landkreise, Städte und Gemeinden, die bei Inkrafttreten des Gesetzes im Januar 2005 das geforderte Platzangebot noch nicht gewährleisten konnten, eine teilweise Abweichung von den Vorgaben bis spätestens zum 30. September 2010 zu. Dabei müssen sie bis zur Erreichung des Ziels im Rahmen der Jugendhilfeplanung jährlich über die Ausbaustufen berichten. Absatz 4 regelt die vorrangige Vergabe von Plätzen, solange der Bedarf nicht gedeckt ist.

Mit § 43 »Erlaubnis zur Kindertagespflege« wurde eine eigenständige ordnungsrechtliche Regelung neu in den Abschnitt zum »Schutz von Kindern und Jugendlichen in Familienpflege und in Einrichtungen« des SGB VIII aufgenommen. Damit wird der erhöhten Bedeutung der Kindertagespflege Rechnung getragen, die ihr in den §§ 22 bis 24 zugewiesen ist (s. hierzu Kapitel 2).

In § 90 »Pauschalierte Kostenbeteiligung« wurde die entsprechende Rechtsnorm ebenfalls erneuert. Tageseinrichtungen und Kindertagespflege sollten mit der neuen Rechtsgrundlage gleich behandelt werden, die bisherige einkommensabhängige Berechnung der Elternbeiträge für die Kindertagespflege wurde formal aufgegeben. Wegen der uneindeutigen Formulierung des Passus gibt es in der Praxis nach wie vor Unterschiede zur geringeren Kostenbeteiligung bei Tageseinrichtungen und damit für die Eltern höhere Ausgaben für die Tagespflege.

Wie ist der Stand beim Ausbau der Kindertagespflege?

Tagespflege scheint oberflächlich betrachtet der Königsweg beim Platzausbau für Kinder unter drei Jahren zu sein. Sie ist in der derzeitigen Form kostengünstig für die öffentliche Hand und wird von 86 Prozent der westdeutschen und von 66 Prozent der ostdeutschen Jugendämter als Strategie für die Erhöhung der Kapazitäten genannt (Seckinger/van Santen 2006). Der tatsächliche Ausbau geht aber nur sehr langsam voran. Das mag damit zu tun haben, dass die Rahmenbedingungen für die Tagespflege schwierig sind und entsprechend nicht genug neue Tagespflegepersonen gewonnen werden können. An vielen Orten herrscht Mangel an Tagesmüttern. Veränderungen der Rahmenbedingungen, die die Tätigkeit attraktiver machen, sind dringend notwendig. Darüber, wie das geschehen kann, wird gerade nachgedacht. In einem »Aktionsprogramm Tagespflege« des Bundesfamilienministeriums sollen Finanzmittel aus dem Europäischen Sozialfonds eingesetzt und Zugangsbarrieren, z. B. widersprüchliche sozialpolitische Regelungen, verringert werden (s. hierzu Kapitel 1.2).

Die Verbreitung der Tagespflege ergibt nach den derzeit aktuellsten Zahlen folgendes Bild: Im Jahr 2006 scheinen insgesamt knapp 4 Prozent aller unter dreijährigen Kinder in Deutschland in öffentlicher und privater Tagespflege betreut worden zu sein. Drei- bis sechsjährige Kinder waren zu circa 2 Prozent in Tagespflege (Seckinger/van Santen 2006 und Riedel 2007). In den drei westlichen Stadtstaaten Berlin, Bremen und Hamburg wird Tagespflege wesentlich häufiger in Anspruch genommen, als in den westlichen Flächenländern. Die amtliche Kinder- und Jugendhilfe-Statistik weist für das Jahr 2006 bundesweit rund 33.500 Kinder unter drei Jahren in öffentlich (mit-)finanzierter Kindertagespflege aus (Statistisches Bundesamt v. 1.3.2007). In diesen moderaten Zahlen ist der durch die Einführung des Tagesbetreuungsausbaugesetzes erwartete große Anschub bisher nicht erkennbar.

In Ostdeutschland hat die Tagespflege ohnehin eine zahlenmäßig nachgeordnete Bedeutung: Einem Kind in Tagespflege standen dort im Herbst 2005 etwa zehn Kinder gegenüber, die in Krippen betreut wurden. Im Westen kamen auf ein Kind in Tagespflege dagegen nur zwei Kinder in Krippen. Während die Tagespflege im Westen wohl dazu diente, dem Bedarf der Eltern überhaupt nachzukommen, ergänzte sie im Osten das gute Angebot an Tageseinrichtungen flexibel und im Sinne des Wunsch- und Wahlrechts der Eltern.

Bei den Drei- bis Sechsjährigen wurden gut drei Viertel der in ganz Deutschland in Tagespflege betreuten Kinder gleichzeitig in einer Tageseinrichtung und in Tagespflege betreut. Ganz offensichtlich passten die Betreuungsumfänge und Öffnungszeiten der Einrichtungen nicht zu den Bedarfen der Eltern bzw. reichten schlichtweg nicht aus. Für die Eltern der Drei- bis Sechsjährigen war die Tagespflege daher eher ein Ergänzungsangebot, während sie für die unter Dreijährigen ein Basisangebot darstellte (Bien/Rauschenbach/Riedl 2006; Riedel 2007).

Formenvielfalt der Tagespflege

Öffentliche und private Tagespflege – Unterschiede in Organisationsform und Finanzierung
Der größere Teil der Tagespflegeverhältnisse in Westdeutschland war Ende 2005/Anfang 2006 ohne Beteiligung der Jugendämter auf dem »freien Markt« privat organisiert und finanziert. Trotz Pflegeerlaubnis für die Tagesmütter waren hier etwa eineinhalbmal mehr Kinder in privater Tagespflege. Im Osten dagegen wurden etwa achtmal mehr Kinder in öffentlicher als in privater Tagespflege betreut (Bien/Rauschenbach/Riedl 2006). Dass die öffentliche Kindertagespflege in Ostdeutschland erheblich weiter verbreitet ist als in Westdeutschland, bestätigte auch die amtliche Kinder- und Jugendhilfe-Statistik mit den Daten von 2006. Je professioneller die Tagespflege öffentlich organisiert wird, desto geringer ist der Einfluss des privaten Marktes. In Mecklenburg-Vorpommern beispielsweise gibt es praktisch keinen solchen ungesicherten freien Markt für Tagespflege.
Im Alltag mischen sich öffentliche und private Tagespflege: Vor allem in westdeutschen Tagespflegestellen betreuen Tagesmütter häufig sowohl Kinder über die Jugendämter als auch im Rahmen von privat vermittelten Arrangements.

Tagesmutter oder Kinderfrau?
Im Kinder- und Jugendhilfegesetz (SGB VIII) wird die Betreuung im Haushalt der Tagespflegeperson (Tagesmutter) und im Haushalt des Tageskindes (Kinderfrau oder Kinderbetreuerin) gleichberechtigt nebeneinander genannt. Die traditionelle Form der Tagespflege findet im Haushalt der Tagesmutter statt. Seit einiger Zeit gibt es einen Trend hin zur Kinderbetreuung im Haushalt der Eltern. Obwohl die Beschäftigung einer Betreuungsperson im eigenen Haushalt unter Umständen einen größeren finanziellen Einsatz bedeutet, scheinen Eltern mit mehreren Kindern diese

Variante zu bevorzugen, wenn ihre finanziellen Möglichkeiten es zulassen. Die DJI-Betreuungsstudie hat ergeben: Je mehr zu betreuende Kinder in einem Familienhaushalt leben, je weiter entfernt die Betreuungsperson wohnt, je kürzer die Betreuungsdauer und je höher das Einkommen der Familie ist, desto größer wird die Wahrscheinlichkeit, dass eine Betreuungsperson in den Familienhaushalt geholt wird (van Santen 2006). Die Tätigkeit als Kinderfrau oder als Kinderbetreuerin im Haushalt der Eltern ist für diejenigen Frauen interessant, deren eigene Wohnung zu klein oder nicht geeignet für die Kindertagespflege ist.

Tagesgroßpflege und Betreuung in anderen geeigneten Räumen
Durch die Gesetzesreform aus dem Jahr 2005 wurde erstmalig per Bundesgesetz die Zahl der Tageskinder in einer Pflegestelle beschränkt. Gleichzeitig wurde die Möglichkeit eröffnet, Tagespflege »in anderen geeigneten Räumen« anzubieten. Für Gruppen über fünf Kinder schließen sich seitdem vermehrt Tagespflegepersonen zusammen und gründen so genannte »Tagesgroßpflegestellen«. Die konkreten Bedingungen für diese neue Form müssen landesrechtlich geregelt werden. Der Betrieb einer Tagesgroßpflegestelle verspricht finanzielle Rentabilität. Tagesgroßpflege ist deshalb sowohl für höher qualifizierte und erfahrene Tagespflegepersonen wie auch für öffentliche Träger zur Erhöhung der Platzkapazitäten besonders attraktiv.

In manchen Regionen boomt die Tagesgroßpflege geradezu: Berlin hat eine Vorreiter-Rolle inne, denn dort wird die Tagesgroßpflege (s. hierzu S. 122 ff.) bereits seit über drei Jahrzehnten betrieben. Im Jahr 2001 wurden knapp 50 Prozent aller öffentlich geförderten Tagespflegeplätze in Berlin in Tagesgroßpflege vorgehalten. Ein Drittel dieser Tagesgroßpflegestellen arbeitete in angemieteten Räumen. Die Tagespflegepersonen einer Tagesgroßpflegestelle müssen in Berlin seit jeher über Erfahrung in der Kinderbetreuung verfügen; sie mussten bereits Qualifizierungskurse absolvieren, als dies für die reguläre Tagespflege noch nicht üblich war und sie müssen sich bei der Arbeit durch Hilfskräfte entlasten. Auch in Freiburg wurde in der Vergangenheit bereits systematisch Betreuung in Tagesgroßpflegestellen angeboten und für die Tagespflegepersonen mit einem erhöhten Honorar verbunden. Dort waren bisher nur pädagogisch ausgebildete Fachkräfte als Betreuerinnen zugelassen.

In der Tagesgroßpflege wird die Grenze zur Tageseinrichtung mit Pflicht zur Betriebserlaubnis unscharf. Die besonderen Merkmale der Tagespflege wie familiäres Umfeld und kleine Gruppe sind nicht mehr ohne weiteres erkennbar. Vor Ort fehlen häufig noch verbindliche Regelungen zum rechtmäßigen Umgang mit Tagesgroßpflegestellen (DIJuF 2006).

Tagespflege als Hilfe zur Erziehung nach § 32 SGB VIII

Tagespflege ist im Kinder- und Jugendhilfegesetz (SGB VIII) hauptsächlich als Alternative zur Förderung von Kindern in Tageseinrichtungen beschrieben. In § 24 werden die Jugendämter zudem verpflichtet, auch Plätze für Kinder bereit zu halten, die in besonders belasteten Familien leben und dort nicht die notwendige Förderung erfahren. Tagespflege kann darüber hinaus als eine Variante der »Familienpflege« alternativ zur Tagesgruppe im Rahmen einer »Hilfe zur Erziehung« eingesetzt werden (§§ 27, 32 SGB VIII). Sie unterliegt dann den Vorschriften des Hilfeplanverfahrens der Kinder- und Jugendhilfe (§ 36 SGB VIII). Der Bedarf der betroffenen Kinder erfordert besondere Eignung und Kompetenzen der Betreuungskräfte (Wiesner 2006).

In Berlin wiederum wird diese Hilfeform seit mehr als 20 Jahren angeboten. Die Tagespflegepersonen müssen dafür Erfahrung mitbringen und eine Empfehlung vom zuständigen Jugendamt haben sowie eine zusätzliche Fortbildung absolvieren. Im Gegenzug erhalten sie eine höhere Vergütung. Es jedoch bekannt, dass quer durchs Land Jugendämter Kinder, bei denen die Vorraussetzungen für eine Hilfe zur Erziehung gegeben sind, auch zu Tagesmüttern vermitteln, die weder speziell vorgebildet sind, noch eine angemessene fachliche Begleitung, noch eine Zusatzvergütung für ihre Tätigkeit erhalten (Schumann 2004). Die Gefahr, dass die Kinder unter diesen Bedingungen nicht die notwendige Förderung bekommen und das Tagespflegeverhältnis wegen Überforderung der Betreuungsperson abgebrochen wird, ist groß.

Insgesamt hat die Tagespflege im Spektrum der Hilfen zur Erziehung noch kein eigenständiges Profil. Es gibt noch viele Defizite beim Handlungswissen. Für das Jahr 2002 waren bundesweit etwa 650 Fälle der Tagespflege als Hilfe zur Erziehung bekannt (Statistisches Bundesamt 2003).

Der Stellenwert der Tagespflege im System der Kindertagesbetreuung

Für die öffentlichen Träger der Kinder- und Jugendhilfe hat die Kindertagespflege verschiedene Vorteile: Sie ist preisgünstig wegen nicht anfallender Investitions- und Bauunterhaltskosten (Betreuung im Haushalt der Tagesmutter oder im Haushalt der Eltern) sowie wegen nicht übernommener Personalkosten (berufliche Selbstständigkeit von Tagespflegepersonen). Sie kann außerdem in ländlichen Regionen mit geringer Bevölkerungsdichte ein öffentliches Angebot an Kindertagesbetreuung bereitstellen, dort, wo ein effizienter Betrieb von Tageseinrichtungen für unter Dreijährige sonst nur schwer möglich ist. Kindertagespflege ist – in der gegenwärtigen Organisationsform – allerdings auch schwerer steuer- und planbar als die Betreuung in Tagesstätten: Ob ausreichend Tagespflegepersonen gefunden werden können, ist für den öffentlichen Träger meist wenig vorhersehbar.

Kindertagespflege wird von vielen Eltern geschätzt und ausdrücklich für ihre Kinder gewollt. In der Studie zur Kindertagespflege der Stadt München waren zufriedene Eltern voll des Lobes für ihre Tagesmütter und die Betreuungsstelle – hier einige Zitate: »Ich finde schön, dass mein Sohn mit mehreren, aber nicht zu vielen Kindern zusammen ist.« »Mein Sohn hat eine zweite Familie gewonnen.« »Die Tagesmutter ist eine freundschaftliche Erweiterung der Familie.« »Meine Tochter fühlt sich sehr wohl. Ich könnte mir keinen besseren Platz vorstellen.« »Ich weiß, dass mein Sohn sehr gern dort ist und seine Tagesmutter liebt.« »Das Wohl meines Kindes steht auch dort an erster Stelle.« »Ich kann mich 100 Prozent verlassen und beruhigt meinem Job nachgehen.« »Unsere Tagesmutter passt zu unserer Familie.« »Ich schätze das Engagement der Tagesmutter in allen Belangen (Betreuung, Essen, pädagogische Angebote).« »Die Kinder werden sehr gefördert.« »Die Tagesmutter ist Erzieherin. Sie kann mir auch immer wieder Tipps geben« (Weiß 2006).

Tagespflege als eigenständige, qualifizierte Form der Kindertagesbetreuung
Der Bund wollte mit seiner Gesetzesinitiative im Rahmen des Tagesbetreuungsausbaugesetzes (TAG) und des Gesetzes zur Weiterentwicklung der Kinder- und Jugendhilfe (KICK) Impulse setzen, um die Kindertagespflege in eine stärker geregelte und verlässliche Angebotsform der Erziehung, Bildung und Betreuung von kleinen Kindern zu überführen.

Der öffentlichen Verantwortung soll so mehr als bisher Rechnung getragen werden. Angestrebt wird, die Tagespflege langfristig neben den Kindertageseinrichtungen zu einer eigenständigen, qualifizierten Form der Tagesbetreuung für Kinder zu entwickeln. Der bislang weitgehend uneinsehbare private Sektor soll in qualifizierte Kindertagespflege gewandelt werden. Die im SGB VIII formulierte Gleichrangigkeit mit den Tageseinrichtungen für Kinder muss dafür mit Leben gefüllt werden.

1.2 Tätigkeit in der Tagespflege – Voraussetzungen und Vorgaben

Seit eh und je sind in unserer Gesellschaft Frauen für die Erziehungs- und Fürsorgearbeit zuständig. Kindertagespflege ist deshalb ein fast ausschließlich weibliches Betätigungsfeld. Die Zahl der Tagesväter wird über verschiedene Untersuchungen hinweg derzeit mit plusminus zwei Prozent angegeben. Merkmale, die typisch für weibliche Berufe sind, trafen für die Kindertagespflege in der Vergangenheit in besonderem Maße zu: wenig gesellschaftliche Anerkennung, geringe Honorierung, kaum Aufstiegsmöglichkeiten. Die Anforderungen an die Tätigkeit sind enorm gewachsen, doch die Rahmenbedingungen haben sich noch nicht unbedingt in angemessenem Verhältnis dazu entwickelt. Die neuen Gesetzesvorgaben regeln zwar die Altersvorsorge und den Versicherungsschutz zugunsten der Tagespflegepersonen (s. hierzu S. 45 ff.). Mit der Tagesgroßpflege öffnet sich auch erstmals ein Aufstiegspfad. Aber immer wieder tauchen neue Erschwernisse auf, wie zuletzt die angekündigte allgemeine Steuerpflicht mit der erheblichen Einschränkung der Einkommensmöglichkeiten ab Anfang des Jahres 2008.

Viele Tagesmütter empfinden denn auch die Rahmenbedingungen ihrer Tätigkeit als unbefriedigend. Eine Tagesmutter aus Heidelberg stellt fest: »Es macht mich betroffen, wie wenig anerkannt dieser Beruf ist, obwohl er doch so dringend gebraucht wird. Es gehört viel Idealismus dazu.« (ZeT 5/2005, S. 17). Und ihre Kollegin aus Sachsen-Anhalt betont: »Mich ärgert, dass unsere Tätigkeit ein so geringes Ansehen in der Öffentlichkeit hat und mir fehlt die Anerkennung als Beruf. Tagesmütter haben sehr viel Verantwortung.« (ZeT 3/2005, S. 21). Das Ungleichverhältnis von Verantwortung und Honorierung wird häufig kritisiert, der Wunsch nach einer angemessen Vergütung steht ganz oben auf der Liste der Verbesserungswünsche. Die Angst vor einer beruflichen Sackgasse hält zudem wohl viele von der Tagespflege ab. Eine bessere Einbettung in das System beruflicher Qualifizierung wird dringend gewünscht.

Gleichzeitig schätzen Tagesmütter ihre Tätigkeit wegen einer Reihe von Chancen und Möglichkeiten, die jenseits von Finanzen und beruflicher Karriere liegen. Wenn Tagesmütter nach den Vorteilen ihrer Tätigkeit gefragt werden, heben sie berufliche Autonomie und Kreativität sowie großen emotionalen Gewinn aus der Arbeit mit den Kindern und ihren Eltern hervor: »Ich genieße es, den Tag mit den Kindern ohne zwingendes Konzept frei gestalten zu können.« »Es ist schön zu sehen, wie die Kinder sich entwickeln, wachsen und selbstständig werden.« »Ich freue mich über den positiven Einfluss, den ich auf meine Tageskinder ausüben kann.« »Die Arbeit fügt sich hervorragend in den Familienalltag ein.« »Die Eltern schätzen meine Arbeit.« »Für mich ist auch die Nähe und der intensive Kontakt mit den Familien der Tageskinder über die Betreuungszeit hinaus wichtig.« »Es ist schön, Menschen etwas zu geben, wovon sie profitieren: Kreativität, Mut, Menschlichkeit.« »Es macht mich zufrieden, Kindern einen stabilen und sicheren Betreuungsplatz bieten zu können.« »Tageskinder bereichern das Familienleben und fördern die soziale Kompetenz der eigenen Kinder.« (Münchner Studie, Weiß 2006)

Wer wird und ist Tagesmutter?

Viele Tagesmütter haben eigene Kinder. Die meisten sind verheiratet, manche sind alleinerziehend. Frauen nehmen Tageskinder auf, weil sie einen finanziellen Zuverdienst für sich oder die Familie wollen bzw. brauchen und dennoch für die eigenen Kinder da sein möchten. Sie sind vielleicht im Erziehungsurlaub, wollen aber wegen der Kinder nicht ganz auf eine berufliche Tätigkeit verzichten. Sie empfinden Freude in der Arbeit mit Kindern und/oder haben das Bedürfnis nach einer sinnvollen Aufgabe. Sie sind Mutter eines Einzelkindes und versuchen, Spielgefährtinnen oder -gefährten für ihr Kind ins Haus zu holen. Sie schätzen die Selbstbestimmung bei beruflicher Selbstständigkeit und genießen die relative Freiheit, sich Arbeitszeiten passend einteilen zu können. Sie haben vielleicht längere Zeit als Erzieherin in einer Tagesstätte gearbeitet und wollen nun freier mit den Kindern arbeiten, sie in kleineren Gruppen individueller betreuen. Sie mögen kreative Arbeit und Beziehungsarbeit mit Menschen. Oder sie sind frustriert von ihrem bisherigen Beruf und suchen eine ganz neue ernsthafte berufliche Perspektive. Die Motivlagen von Tagesmüttern sind vielfältig. Und es gibt eine Fülle von verschiedensten Interpretationen der Tätigkeit.

Nur ein Teil der Tagesmütter ist für den Auftrag zur Förderung der ihnen anvertrauten Kinder pädagogisch vorgebildet. Tagesmütter haben ganz unterschiedliche berufliche Ausbildungshintergründe. Im Bundesdurchschnitt bringt ein knappes Drittel der etwa 31.000 den Jugendämtern bekannten Tagespflegepersonen eine soziale (Kurz-)Ausbildung mit oder kommt aus einem medizinischen Helferberuf (Riedel 2007). Der professionelle Hintergrund der Tagesmütter ist in Ost- und Westdeutschland wiederum sehr unterschiedlich: In Ostdeutschland ist jede vierte Tagesmutter ausgebildete Erzieherin. In Folge des dramatischen Geburtenrückgangs nach 1989 haben dort viele Erzieherinnen ihre Arbeitsstelle verloren und nutzen die Tagespflege als berufliche Option (van Santen 2006). In Westdeutschland ist nur etwa jede zehnte Tagesmutter Erzieherin. Tagespflegepersonen ohne Berufsabschluss machen in Westdeutschland einen Anteil von 15 Prozent aus, im Osten sind es deutlich weniger.

Das Durchschnittsalter der offiziell gemeldeten Tagesmütter ist laut Statistik relativ hoch (Riedel 2007): Bundesweit sind nur zwölf Prozent der Tagesmütter jünger als 30 Jahre. Jeweils ein Drittel ist zwischen 30 und 40 und zwischen 40 und 50 Jahren alt. Etwa ein Viertel ist älter als 50 Jahre und wäre demnach eher als »Tages-Großmutter« zu bezeichnen. Zumindest bei diesen »offiziellen« Tagesmüttern reicht die Betreuungstätigkeit weit über die Elternzeit für die eigenen Kinder hinaus.

Der klassische Typus der westdeutschen Tagesmutter, die im traditionellen Familienmodell über ihren Ehemann langfristig finanziell abgesichert lebt, wird seltener. Zu sehr verändern sich die Lebens- und Berufsbiographien der Menschen über die Zeit hin: Frauen richten sich mehr auf den Beruf aus und werden später und seltener Mütter, Ehen werden häufiger geschieden, Männer fallen wegen Arbeitslosigkeit als Ernährer immer öfter aus. Den traditionalen Tagesmüttern, die ihre Tätigkeit vielfach auch als soziales Engagement verstehen – »Ich möchte junge Mütter unterstützen« – folgen eher berufsorientierte Frauen nach. Sie haben einen (Herkunfts-)Beruf und die Tagespflege ist für sie zunächst nur eine halbberufliche Zwischenstation. Diese Frauen betreuen in der Elternzeit ihr eigenes Kind bzw. ihre eigenen Kinder und nehmen während dieser Phase Tageskinder auf. Vielleicht haben sie selbst keinen Betreuungsplatz für ihre Kinder gefunden oder sind vor den Kosten für die Betreuung zurückgeschreckt, die ihre Berufstätigkeit in den Status von »Luxus« erheben würden. Von der ursprünglichen Ausrichtung her wollen sie in ihren angestammten Beruf zurückkehren. Ein Teil dieser Frauen entwickelt aber auch längerfristige Perspektiven in der Tagespflege, wenn sie darin eine attraktive berufliche Alternative entdecken können. Frauen, die eine solche längerfristige Orientierung für die Tagespflege finden, lassen sich engagiert auf Angebote der fachlichen Begleitung ein und qualifizieren sich nachhaltig. Sie betreiben die Tätigkeit möglichst professionell. Ökonomische Existenzsicherung durch die Tagespflegetätigkeit spielt bei dieser Gruppe eine große Rolle, war jedoch unter den bisherigen Bedingungen in Westdeutschland eher schwierig umzusetzen (Schumann 2004; Keimeleder 2004).

Da für den Ausbau der Tagespflege zusätzliche Betreuungspersonen gebraucht werden, geraten neuerdings verstärkt arbeitslose Frauen als Zielgruppe in den Blick. So sinnvoll die gezielte Ansprache von geeignet qualifizierten Frauen oder von motivierten Quereinsteigerinnen scheint, so problematisch ist die Vermittlung von Menschen, für die Tagespflege eine Not- oder Verlegenheitslösung darstellt. Wer keine originäre Motivation für die Tätigkeit mitbringt, keine stabile Lebenssituation hat, kurzfristig auf dem Arbeitsmarkt vermittelbar sein muss, über keine geeigneten Räumlichkeiten verfügt oder nicht die persönlichen Voraussetzungen erfüllt, um eine verlässliche Bindungsbeziehung zu den Tageskindern aufzubauen, ist für die Betreuungsform Tagespflege nicht geeignet. Tagespflege darf explizit nicht als Arbeitsgelegenheit mit Mehraufwandsentschädigung nach § 16 SGB II (»1-Euro-Job«) vermittelt werden (DIJuF 2006).

Kann Tagespflege die Existenz sichern?
Wird die Tagespflege unter dem Aspekt der Existenzsicherung betrachtet, lassen sich drei Haupttypen erkennen (pme/Vierheller 2007):
1. die **nicht existenzsichernde Tagespflege** mit bis zu drei Kindern und einem Gewinn von unter 400 € im Monat, die im Status von Nebenberuflichkeit bzw. Geringfügigkeit ausgeübt wird. Der Betreuungsumfang der einzelnen Kinder kann dabei durchaus größer als halbtags sein. Tagesmütter mit einem solchen Profil machen im Westen derzeit noch die größte Gruppe aus. Die Frauen dieser Gruppe stehen aktuell unter Druck, da sie durch die gesetzlichen Neuregelungen erhöhte formale Anforderungen erfüllen müssen, ihr Einkommen sich jedoch zu verschlechtern droht

2. die **hauptberufliche Tagespflege** mit drei bis fünf Kindern im eigenen Haushalt, die einen Gewinn über 400 € erbringt. Tagesmütter, die so arbeiten, erzielen ein tendenziell existenzsicherndes Einkommen, sind renten- und krankenversicherungspflichtig. Ihre Tagespflegestellen führen sie faktisch als selbstständige Kleinstunternehmen. Rein statistisch betreut eine Tagespflegeperson im Bundesdurchschnitt weniger als zwei Kinder unter drei Jahren in öffentlich organisierter und (mit-)finanzierter Tagespflege (Riedel 2007). Die meisten Tagesmütter haben jedoch sowohl Kinder in öffentlicher wie auch in privater Tagespflege in ihrer Obhut. Weil Tagesmütter in Ostdeutschland ihre Tätigkeit mit einem stärkeren Interesse an der Existenzsicherung betreiben, sind dort die Tagespflegestellen größer als im Westen

3. **neu: die professionelle hauptberufliche Tagespflege im Rahmen von Zusammenschlüssen von Tagesmüttern,** die in angemieteten Räumen betrieben wird (Tagesgroßpflege). In diesen Kleinsteinrichtungen werden über fünf Kinder betreut. Sie sind noch stärker als Unternehmen profiliert und sichern ihren Betreiberinnen hauptberuflich die Existenz. Als Betätigungsfeld ist die Tagesgroßpflege insbesondere interessant für ausgebildete Erzieherinnen und bietet erfahrenen Tagesmüttern eine neue Option.

Geht man davon aus, dass Tagesmütter ab vier betreuten Kindern ein existenzsicherndes Einkommen aus ihrer Tätigkeit erwirtschaften können, dann leben derzeit 40 Prozent der Tagesmütter im Osten, aber nur 11 Prozent der Tagesmütter im Westen vom Beruf Tagespflege (Riedel 2007a). Diejenigen Tagesmütter, die mit Blick auf die Einkommenssicherung an die Tagespflege herangehen, werden daran interessiert sein, möglichst viele Kinder vorwiegend in Vollzeit zu betreuen. Grundsätzlich sind bei der individuellen Ausgestaltung der Tagespflegestelle unterschiedlichste Variationen der Belegung machbar: Das Spektrum im Rahmen des gesetzlich vorgeschriebenen Mindestumfangs von 15 Wochenstunden reicht von der Betreuung mehrerer Kinder in unterschiedlichen Voll- und Teilzeitumfängen bis hin zur Betreuung eines einzigen Kindes an zwei Wochentagen. Kindertagespflege wird damit beworben, dass sie im Unterschied zu Tageseinrichtungen flexibel auf unterschiedlichste Betreuungsbedarfe eingehen kann. Für Tagesmütter bedeutet das in der Umsetzung dann auch Betreuung zu Zeiten, die außerhalb der Öffnungszeiten von Einrichtungen liegen – in den frühen Morgenstunden, abends, nachts oder auch am Wochenende.

Welche Voraussetzungen sind für die Tagespflegetätigkeit notwendig?

Persönliche und fachliche Eignung
Mit Blick auf die gesetzlich fixierte Gleichrangigkeit der Angebote in Tagespflege und im institutionellen Bereich darf öffentlich finanzierte Kindertagespflege explizit nur mehr durch eine geeignete Tagespflegeperson erfolgen (§§ 23 und 43 SGB VIII). Jede Tagesmutter, die gemäß der Definition in § 43 SGB VIII tätig werden will, muss ihre Eignung nachweisen und eine Erlaubnis dafür einholen. Eine geeignete Betreuungsperson muss sich auszeichnen durch ihre der Tätigkeit angemessene Persönlichkeit, durch ihre Sachkompetenz und durch ihre Bereitschaft zur Zusammenarbeit mit Erziehungsberechtigten und anderen Tagespflegepersonen.

Die im Gesetzestext gewählten Formulierungen lassen viel Interpretationsspielraum und müssen für die Feststellung der Eignung konkret gefasst werden. Eine Tagespflegeperson unterstützt und begleitet die individuelle und die soziale Entwicklung »ihrer« Tageskinder. Sie geht eine Erziehungspartnerschaft mit den Eltern der Kinder ein und führt Kooperationsbeziehungen mit anderen Tagespflegepersonen, mit Fachkräften von Tageseinrichtungen und Jugendämtern. Welche Persönlichkeit eignet sich für die Ausübung dieser Tätigkeiten? Welche Kompetenzen sind erforderlich? An Standorten guter Praxis wurden in jahrelanger Arbeit Erfahrungen mit der Eignungsüberprüfung gesammelt, ganze Kataloge erwünschter Eigenschaften so zusammengestellt. Im Kern ergibt sich ein komplexes Anforderungsbild (tmBV 2002/2005; Schmid/Wiesner 2005):

Komplexes Anforderungsprofil für Tagesmütter

Grundvoraussetzungen:
- glaubhafte Motivation zur Erziehung, Bildung und Betreuung von Kindern
- Erfahrung im Umgang mit Kindern
- Freude an der Arbeit mit Kindern und Erwachsenen
- Einstellungen, die eine Erziehung ohne körperliche und seelische Gewaltanwendung gewährleisten

Persönliche Eigenschaften und Fähigkeiten:
- physische und psychische Belastbarkeit
- Ausgeglichenheit, Gelassenheit, Optimismus
- Entwicklungsbereitschaft
- Selbstsicherheit
- Selbstverantwortung, Kenntnis der eigenen Grenzen
- Organisationskompetenz (Haushaltsführung, Strukturierung des Tagesablaufs)
- Flexibilität
- Zuverlässigkeit, Verantwortungsbewusstsein
- Kontaktfreude, Kommunikationsfähigkeit
- Beziehungsfähigkeit
- differenzierte Wahrnehmung
- Reflexionsfähigkeit
- Achtsamkeit und Einfühlungsvermögen
- konstruktiver Umgang mit Konflikten und Kritik

Fachinteresse und fachliche Kompetenzen:
- Bereitschaft zur Qualifikation
- Bereitschaft, Beratung anzunehmen und Empfehlungen umzusetzen
- Bereitschaft, die professionelle Rolle zu klären und ein professionelles Profil zu entwickeln
- Bereitschaft, eigene biographische Erfahrungen zu reflektieren
- praktische pädagogische Handlungskompetenz
- aktive Auseinandersetzung mit Fachfragen
- situationsbezogene Umsetzung von Fachwissen

Spezielle Schlüsselkompetenzen für den Förderauftrag:
- Interesse für Bildungs- und Interaktionsprozesse
- fragende, offene Haltung
- sich auf Neues und auf scheinbar Vertrautes einlassen können
- Bereitschaft, die anvertrauten Kinder unvoreingenommen und einfühlsam zu beobachten
- Fähigkeit zum aufmerksamen Wahrnehmen, Verstehen und Erklären ausbilden
- Bereitschaft, eigenes berufliches Handeln und Erfahrung kritisch zu reflektieren und zu bearbeiten
- Sensibilität für die individuelle Entwicklung von Kindern und für ihre Bildungsverläufe entwickeln.

Diese so genannten »weichen« sozialen Kriterien der persönlichen Eignung sind im Gegensatz zu »harten« Kriterien wie Raumgröße und Sicherheitsstandards (s. hierzu S. 38 f.) wesentlich schwerer zu überprüfen. Der Gesetzgeber macht keine Angaben zur Durchführung der Eignungsüberprüfung. Die Fachkräfte des Jugendamtes oder des mit der Eignungsüberprüfung beauftragten freien Trägers versuchen im Rahmen eines persönlichen Erstgesprächs und eines Hausbesuchs herauszufinden, ob die Interessentin die entsprechenden Eigenschaften mitbringt. Da die Beurteilung der genannten Kriterien erst bei genauerer Kenntnis einer Person möglich ist, nutzt gute Praxis der Tagespflege auch Qualifizierung und Praxisberatung im Sinne einer kontinuierlichen Eignungsüberprüfung (Hessisches Tagespflegebüro 2004). Diese geschieht einerseits im direkten Gespräch mit der Interessentin bzw. dem Interessenten für die Tagespflegetätigkeit, andererseits über die Beobachtung ihres/seines Interaktions-Handelns – z. B. beim Hausbesuch. Beim Hausbesuch wird nicht nur die räumliche Geeignetheit überprüft. Dieser bietet auch Gelegenheit, die anderen Haushaltsmitglieder wie Partner und Kinder kennen zu lernen, die gegebenenfalls zur Einschätzung einer Tagespflegestelle als »geeignet« oder »nicht geeignet« beitragen. Die Dynamik der Familienbeziehungen und die Atmosphäre der zukünftigen Tagespflegestelle können auf diese Weise deutlich werden.

Im persönlichen Erstgespräch werden Vorerfahrungen, Motivation, Erwartungen, Erziehungsvorstellungen, familiäre Situation, Perspektive und Möglichkeiten hinsichtlich der Tagespflege zum Thema gemacht. Spätestens an diesem Punkt sollte eine angehende Tagesmutter den Klärungsprozess im Hinblick auf ihre zukünftige Tätigkeit beginnen. Sie muss sich fragen, an welchem Betreuungsort sie künftig tätig werden will: Zieht sie es vor, als »Kinderfrau« oder »Kinderbetreuerin« im Haushalt der Eltern ihrer Tageskinder zu arbeiten? Möchte sie eine Tagespflegestelle im eigenen Heim eröffnen – sei dies die Etagenwohnung im dritten Stock oder das Einfamilienhaus mit Garten? Oder will sie extra Räume anmieten? Für jede Variante gilt es, Vor- und Nachteile abzuwägen. Die Tätigkeit im Haushalt des Tageskindes bringt unter Umständen die schwierigere Abgrenzung von elterlichen Erwartungen mit sich. Haushaltsnahe Tätigkeiten wie Putzen sind z. B. nicht unmittelbar der Tagespflege zuzurechnen. Wenn Tageskinder in den eigenen Haushalt aufgenommen werden, ergeben sich daraus nicht nur für die Tagesmutter, sondern für alle Mitglieder der Familie erhebliche Konsequenzen. Tagespflege in dieser Form nimmt Einfluss auf das gesamte Familiensystem. Die regelmäßige Anwesenheit eines oder mehrerer Kinder wird nicht nur übliche Routinen wie die gewohnte Organisation des Haushalts ändern. Auch die Beziehung der Tagesmutter zu den eigenen Kindern wird davon beeinflusst werden. Und auch den Partner wird die Tätigkeit tangieren. Die Veränderungen bedürfen einer guten Vorbereitung.

Klärende Fragen vor der Aufnahme der Tagespflege
- Was bedeutet die Tagespflege für mich und meine Familie?
- Sind mein Partner und meine Kinder einverstanden?
- Bin ich bereit, meine Familie und mein Heim zu öffnen?

- Wo haben die Tageskinder ihren Platz neben meinem eigenen Kind, meinen eigenen Kindern?
- Wie sehe ich meine Tätigkeit als im Haushalt arbeitende Tagesmutter?
- Wie wird meine Tätigkeit von Nachbarn, Verwandten, von der Gesellschaft bewertet?

Kindgerechte Räumlichkeiten und Ausstattung
Neben persönlichen Fähigkeiten und Kompetenzen muss eine geeignete Tagespflegeperson auch über »kindgerechte Räumlichkeiten« verfügen (§ 23 SGB VIII). In diesem Zusammenhang achten Fachkräfte der Eignungsüberprüfung zuerst auf die Einhaltung der Sicherheitsstandards in allen den Kindern zugänglichen Innen- und Außenräumen, auf die Erfüllung hygienischer Erfordernisse, auf ausreichend Platz und auf Außenspielplatz in der Nähe der Tagespflegestelle. Die Kinder sollen bei ihrer Tagesmutter die Möglichkeit zu Bewegung, Spiel, Begegnung und Erkundung haben und dadurch anregende und entwicklungsfördernde Erfahrungen machen können. Auch Raum für Ruhe und Rückzug sollte gegeben sein. Schulkinder brauchen für ihre Hausaufgaben einen eigenen ruhigen Platz. Die Atmosphäre der Tagespflegestelle sollte insgesamt offen, hell und freundlich sein.

Die Raumausstattung hängt eng mit der Förderung der Kinder zusammen (s. hierzu Kapitel 2). Altersgerechte Spiel- und Beschäftigungsmaterialien sollen die Kinder anregen aber nicht überschütten. Im Allgemeinen ist eher Alltägliches als das pädagogisch besonders Wertvolle gefragt. Kleine Kinder »forschen« liebend gern mit Küchenutensilien. Und zur Unterstützung der Bewegungsentwicklung braucht es auch nicht unbedingt eine aufwendig gestaltete Podestlandschaft. Auch ein Kindertisch zum Draufklettern und Matzratzen zum Herumspringen erfüllen ihren Zweck (Gerszonowicz 2006). Anders als in Tageseinrichtungen gibt es in Tagespflegestellen in der Regel auch keine feste Bauecke, keinen extra Kuschelraum und keinen mit

Sportgeräten ausgestatteten Toberaum. Ein Platz, wo gespielt und gebaut wird, lässt sich jedoch überall herstellen. Die alltägliche Wohnumgebung kann genutzt werden – nach dem Motto: »Der Urwald beginnt an der Zimmerpalme.« Geeignetes Mobiliar und Geschirr erleichtern die Mahlzeiten. Für Unternehmungen außerhalb der Tagespflegestelle sind ein Doppelbuggy, ein kleiner Transportwagen und ein zweiter Autokindersitz hilfreich (Dorner-Müller in: ZeT 3/2000).

Vertiefte Kenntnisse durch Qualifizierung
Eine geeignete Tagespflegeperson verfügt »über vertiefte Kenntnisse hinsichtlich der Anforderungen der Kindertagespflege (...), die sie in qualifizierten Lehrgängen erworben oder in anderer Weise nachgewiesen« hat (§ 23 SGB VIII). Der Gesetzgeber hat damit im Rahmen des TAG einen wichtigen Impuls in Richtung Qualifizierung gegeben. Mit Blick auf die angestrebte Gleichrangigkeit der Tagespflege und der Einrichtungen wäre eine genauere Beschreibung der Qualifizierung wünschenswert. Obwohl Betreuungspersonen beider Angebotsformen dieselben Aufgaben bei der Erziehung, Bildung und Betreuung der Kinder erfüllen sollen, sind die Qualifizierungsanforderungen noch keineswegs vergleichbar. Während das gegenwärtige Ausbildungsniveau der Erzieherinnen in der Diskussion steht, gilt für die Kindertagespflege nicht einmal das Fachkräftegebot. Ein Widerspruch im Verhältnis der beiden Betreuungsformen, der sich nur durch eine perspektivische Weiterentwicklung der Kindertagespflege auflösen lässt.

Unter den aktuellen Bedingungen wird es deshalb gern gesehen, wenn sich Erzieherinnen in der Tagespflege betätigen. Ihre Ausbildung wird mancherorts als alleiniger »Nachweis über vertiefte Kenntnisse hinsichtlich der Anforderungen der Kindertagespflege« akzeptiert. Erzieherinnen, die jetzt im Berufsleben stehen, haben jedoch in ihrer Ausbildung mit größter Wahrscheinlichkeit wenig über Kindertagespflege und über die Zielgruppe Kleinkinder und deren spezielle Bedürfnisse erfahren. Um sich mit diesen Inhalten vertraut zu machen, empfiehlt die Bundesarbeitsgemeinschaft der Landesjugendämter Erzieherinnen und Angehörigen anderer sozialer Ausbildungsberufe eine speziell ausgerichtete Qualifizierungsmaßnahme (Hessisches Tagespflegebüro 2006).

Alle angehenden Tagesmütter müssen sich tagespflegespezifisches Fachwissen und zumindest Grundkenntnisse in frühkindlicher Pädagogik und Entwicklungspsychologie aneignen. Sie qualifizieren sich in punkto förderlicher Kooperation mit den Eltern sowie zur Entwicklung eines beruflichen Selbstverständnisses. Als Besonderheit der Betreuungsform sind dabei unter anderem die Themen Arbeitsplatz Privathaushalt, die enge Zusammenarbeit von mehreren Familiensystemen, die Verknüpfung von Haushaltsmanagement und Förderaufgabe, die berufliche Selbstständigkeit und die (eventuell) gemeinsame Betreuung von eigenen und fremden Kindern zu bearbeiten.

Der Gesetzgeber sieht als inhaltlichen Maßstab für die Tagespflege-Qualifizierung das vom Deutschen Jugendinstitut entwickelte Curriculum an (Weiß/Stempinski/Keimeleder/Schumann 2007). Sein Umfang von 160 Veranstaltungsstunden wird fachlich als ein erster Mindeststandard einer Basisausbildung anerkannt. In der Praxis wird das 160-Stunden-Volumen jedoch vielfach unterschritten. Im Jahr 2006 hatten trotz zahlreicher Nachqualifizierungen infolge der neuen Gesetzeslage unter den Tagespflegepersonen ohne pädagogische Berufsausbildung bundesweit erst gut die Hälfte überhaupt eine Qualifizierung absolviert oder nahmen gerade an einem tätigkeitsbegleitenden Kurs teil. Eine Qualifizierung im Umfang des DJI-Curriculums hatten in ganz Deutschland erst rund 2.400 von circa 31.000 den Jugendämtern bekannten Betreuungspersonen abgeschlossen (Riedel 2007a). In Ostdeutschland absolvieren deutlich mehr Tagespflegepersonen Kurse und diese haben im Durchschnitt auch einen höheren Stundenumfang als im Westen. Von einem bundesweit minimal einheitlichen Qualifizierungsstandard ist die Tagespflege demnach noch weit entfernt. Das soll in den kommenden Jahren mit einer Qualifizierungsoffensive des Bundes geändert werden.

In organisatorischer Hinsicht kann die Qualifizierung Bestandteil eines integrierten »Fachdienstes für Kindertagespflege« beim öffentlichen Träger Jugendamt oder bei einem freien örtlichen Träger sein, z. B. einem Tagespflegeverein. Die Qualifizierung kann aber auch als einzelnes Modul des Gesamtpakets »fachliche Begleitung« an einen Bildungsträger delegiert werden. Bei der Trennung von Qualifizierung, Fachvermittlung und Fachbegleitung sollten die Rechtsträger im Sinne eines Verbundsystems eng zusammenarbeiten. Der Bundesverband für Kindertagespflege e.V. berechtigt Bildungsträger zur Vergabe eines bundesweiten Zertifikats an erfolgreiche Kursteilnehmerinnen und -teilnehmer, wenn seine Qualifizierungs- und Prüfungsordnung eingehalten wird. Mit bereits über 200 Vertragspartnern baut der Bundesverband damit an einem ersten Netzwerk zur bundesweiten strukturellen Verbesserung der Qualifizierung (tmBV 2005).

Erlaubnisvorbehalt
Wer Tagespflege in eigenen oder angemieteten Räumen anbieten will, muss seit der Gesetzesnovelle vom Herbst 2005 eine Erlaubnis dafür beantragen. Wer nach Prüfung der persönlichen und fachlichen Kriterien, der räumlichen Voraussetzungen sowie nach Vorlage eines qualifizierten polizeilichen Führungszeugnisses als nicht geeignet erscheint, dem kann die Erlaubnis verweigert werden (Weiß 2004). Im Falle einer positiven Feststellung der Eignung erhält die angehende Tagesmutter eine generelle Erlaubnis für die Betreuung von maximal fünf fremden Kindern. Eigene Kinder zählen nicht mit. Die Erlaub-

nis ist auf die Dauer von fünf Jahren begrenzt. Das örtliche Jugendamt kann die Erlaubnis auch auf eine geringere Zahl von Kindern beschränken, z. B. wenn die Eignung der Tagespflegeperson für so viele Kinder nicht gegeben scheint, wenn einzelne Kinder aufgrund besonderer Problematiken mehr Aufmerksamkeit brauchen oder die räumlichen Gegebenheiten die Betreuung der maximalen Kinderzahl nicht zulassen.

Die Notwendigkeit zur Einholung einer Erlaubnis betrifft auch diejenigen, die bisher im Rahmen von privat organisierter Tagespflege ohne Kenntnis oder Intervention des örtlichen Jugendamtes tätig waren. Die generelle Erlaubnispflicht für die Kindertagespflege ab dem ersten Kind betont damit stärker die öffentliche Verantwortung für diesen Bereich der Kindertagesbetreuung.

Fachliche Begleitung

Die neue gesetzliche Regelung schreibt erstmalig auch die »fachliche Beratung, Begleitung und weitere Qualifizierung« von Tagespflegepersonen und damit ihre längerfristige Zusammenarbeit mit einem Träger der öffentlichen oder freien Kinder- und Jugendhilfe vor (§ 23 SGB VIII). Auch diese Maßnahme soll dazu beitragen, die Betreuungsform Tagespflege aus der bisher weit verbreiteten Unverbindlichkeit in mehr öffentlich verantwortete Strukturen zu überführen. Die personenorientierte Betreuungsform im Privathaushalt der Tagespflegeperson braucht belastbare Strukturen, die den Schutz des Kindeswohls sichern können (§ 1 SGB VIII).

Fachliche Beratung, Begleitung und weitere Qualifizierung sind deshalb so wichtig, weil in der Tagespflege unter den derzeitigen Bedingungen praxisbegleitend erarbeitet werden muss, was nicht vorbereitend im Laufe einer beruflichen Ausbildung erworben wird. Tagespflegepersonen brauchen über die 160-Stunden-Qualifizierung hinaus ein »training on the job«, das sich an ihren konkreten alltäglichen Fragen und Problemstellungen orientiert und sie bei der Umsetzung des gesetzlichen Förderauftrages unterstützt. Aufgrund ihrer isolierten Arbeitssituation im Privathaushalt sind die Tagesmütter zudem besonders auf regelmäßigen Austausch und Reflexion mit Kolleginnen angewiesen. In Modellen guter Praxis haben sich Gesprächsgruppen sehr bewährt (vgl. Schmid/Wiesner 2005; Weiß 2004). Dort können alle von den Erfahrungen der jeweils anderen profitieren und sich kollegial vernetzen.

Über die Gruppenarbeit hinaus müssen Tagesmütter – aber auch Eltern – ohne lange Wartezeiten die Möglichkeit zu fachlicher Einzelberatung und Konfliktberatung haben. Da in jedem Tagespflegeverhältnis zwei Familiensysteme direkt ineinander greifen, gibt es eine Reihe klassischer Spannungsfelder, aus denen immer wieder Probleme erwachsen können (s. hierzu Kapitel 3).

Weitere Qualifizierung
Ein Qualifizierungsumfang von 160 Stunden vor dem Hintergrund der Gleichrangigkeit der Betreuungsformen ist fachlich nur als Übergangslösung zu sehen. Die Basisqualifikation muss aufbauend ergänzt werden, weil viele Themen dort nicht in der wünschenswerten Tiefe und manche Themen gar nicht bearbeitet werden können. Bei der Erziehungs-, Beziehungs- und Bildungsarbeit mit Kindern spielen außerdem Einstellungen und Handlungsmuster eine wichtige Rolle, die mit biographischen Erfahrungen verknüpft sind. Veränderungen und das Einüben neuer Handlungsweisen brauchen Zeit. Tagesmütter müssen deshalb auch nach absolvierter Qualifizierung in fachliche Kontexte eingebunden bleiben. Die praxisbegleitenden Gesprächsgruppen können als eine Form der Weiterqualifizierung gelten, weil z. B. die dort gemachten gruppendynamischen Erfahrungen für die Arbeit mit den Kindern und den Eltern genutzt werden können. Aber auch ausgewählte Fortbildungsveranstaltungen

zur Vertiefung von Themen aus der Qualifizierung oder zu Themen, die nicht behandelt wurden, sind sinnvoll (§ 23 SGB VIII).

Vertretung bei Ausfall der Tagesmutter
Die neue Regelung zur Vertretung bei Ausfallzeiten der Tagesmutter (§ 23 SGB VIII) bewirkt, dass die Kindertagespflege eine ähnliche Betreuungskontinuität gewährleisten kann, wie sie in § 22 SGB VIII für Einrichtungen beschrieben ist. Das Gesetz lässt die Art der Ersatzbetreuung offen. Praxiserprobte Modelle sind z. B. die Bildung von Netzwerken unter Tagespflegepersonen, die Kooperation mit Kindertageseinrichtungen (s. hierzu Kapitel 4.2) und mobile Tagespflegepersonen.

Wichtig ist, dass keine Betreuungslücken entstehen und die Tageskinder mit der Ersatzperson und dem Ort für die Betreuung bereits vor dem Vertretungsfall vertraut sind. Diese Vertrautheit wird über regelmäßige Begegnungen hergestellt. Die Ersatzbetreuung darf nicht wie bisher den Tagespflegepersonen als individuelle Organisationsaufgabe überlassen bleiben, sondern muss vom öffentlichen Träger verantwortlich geplant und finanziert werden. Die Jugendämter können diese Organisationsaufgabe auch an einen freien Träger delegieren (Weiß 2004).

Strukturqualität durch einen »Fachdienst Tagespflege«
Die Einbettung der Tagespflege in ein System begleitender fachlicher Dienstleistungen ist eine zentrale Voraussetzung für die Umsetzung der geforderten Gleichrangigkeit von Tagespflege und Tageseinrichtungen. Als Leistungsverpflichtung, für die der öffentliche Träger die Letztverantwortung zu übernehmen hat, wurden bisher die Überprüfung der Eignung der Tagespflegeperson, die tagespflegespezifische Qualifizierung, die Vermittlung, die Beratung, fachliche Begleitung und weitere Qualifizierung sowie die Sicherstellung der Betreuungskontinuität bei Ausfall der Tagespflegeperson benannt. Über diese zentralen Elemente hinaus

gibt es weitere Aufgaben der fachlichen Infrastruktur. Sie finden im Gesetz keine Erwähnung, sind aber gleichwohl sehr wichtig für das Funktionieren eines lokalen Tagespflegeangebots. Die Rede ist hierbei von Öffentlichkeitsarbeit für die Anwerbung neuer Tagespflegepersonen und als Information für Eltern (s. hierzu Kapitel 3), von Kooperation mit Tageseinrichtungen (s. hierzu Kapitel 4.2) und mit relevanten gemeindeorientierten Diensten, von Koordination der Aufgabenbereiche, die von anderen Trägern vorgehalten werden, von der Organisation gemeinsamer Aktivitäten mit Eltern und Tagespflegepersonen und von fachlicher Sachbearbeitung (Weiß 2004).

Alle diese Bestandteile der Strukturqualität für die Kindertagespflege sollten in einem integrierten »Fachdienst Tagespflege« beim öffentlichen Träger zusammengefasst oder (in Teilen) an einen freien Träger delegiert werden. Diese fachliche Infrastruktur muss mit entsprechender Personalkapazität ausgestattet werden. Obwohl der Fachdienst Tagespflege und seine personelle Ausstattung eine wichtige lokale Steuerungsgröße für die Betreuungsform darstellen, ist dies längst noch nicht überall selbstverständlich.

Was haben Tagesmütter von ihrer Tätigkeit? – Soziale Sicherung, Verdienstmöglichkeiten und berufliche Aspekte

Soziale Sicherung und Steuerrecht

Eine Tagesmutter berichtet: »Ich hab jetzt grade an einem Seminar teilgenommen zum Thema Steuern und Rentenversicherung und jede Tagesmutter hat was anderes erzählt, was ihr Steuerberater sagt und wie sie ihre Steuer machen soll und jede macht sie anders. Die Institution, die von uns die Steuern einfordert, weiß eigentlich gar nicht, wie sie damit umzugehen hat.« (Münchner Studie, Weiß 2006)

Die Rechtsmaterie rund um die Tagespflege war in der Vergangenheit sehr kompliziert und unübersichtlich. Seit Einführung des TAG sind einige Details wie Beiträge zur Alterssicherung und Unfallversicherung klarer geregelt, andere Unklarheiten sind neu aufgetreten. Themen wie die Rentenversicherungspflicht wurden von Behördenseite her lange widersprüchlich behandelt und letztlich unvorteilhaft für die in der Tagespflege Tätigen entschieden. Diese Situation hat dazu geführt, dass Tagesmütter in größerer Zahl das Berufsfeld verlassen haben. Wenn das Betreuungsangebot Tagespflege professionalisiert werden soll, werden hier Klärungen und Vereinfachungen herbeigeführt werden müssen.

Die statusrechtliche Einordnung einer Tagespflegeperson hat Rechtsfolgen in Bezug auf ihre Sozialversicherung, auf ihre steuerrechtliche Behandlung und auf arbeitsrechtliche Schutzbestimmungen. Bei der Klärung des individuellen Rechtsstatus einer Tagesmutter geht es um die Frage, ob sie die Tagespflege als selbstständige Tätigkeit oder als abhängige Beschäftigung in einem Arbeitsverhältnis ausübt. Obwohl sich ein Trend abzeichnet, dass Tagesmütter vermehrt auch als Kinderbetreuerinnen im Haushalt der Eltern eines Kindes tätig werden, liegt abhängige Beschäftigung eher selten vor. Eltern sind bei Tätigkeit einer Kinderbetreuerin in ihrem Haushalt die Arbeitgeber. Sie erstatten Beiträge zur Sozialversicherung sowie zur gesetzlichen Unfallversicherung ihrer Betreuerin. Die Anstellung kann bis 400 € im Rahmen eines so genannten »Minijobs«, bis 800 € in der so genannten »Gleitzone« erfolgen oder wird als herkömmliche sozialversicherungspflichtige Tätigkeit definiert. Die Kinderbetreuerin oder »Kinderfrau« ist weisungsgebunden und schließt mit den Eltern der zu betreuenden Kinder einen Arbeitsvertrag ab.

Sozialversicherungspflichtige Anstellungsverhältnisse bei einem Träger der öffentlichen oder freien Jugendhilfe spielen im Zusammenhang mit der Tagespflege zwar im benachbarten Ausland eine Rolle. In Deutschland sind sie jedoch kaum zu finden. Die Organisatoren von Tagespflegesystemen in den Kommunen scheuen bisher davor zurück, weil Anstellungsmodelle trotz niedriger Vergütung die Tagespflege gegenüber dem Organisationsmodell »berufliche Selbstständigkeit« verteuern. Vorteile eines Anstellungsverhältnisses wären: Es gibt vor Ort planbare flexible und familiennahe Betreuungsalternativen für kleine Kinder. Tagespflege und Einrichtungen können sich auf Augenhöhe begegnen. Tagespflegepersonen, die sich gern auf eine längerfristige Perspektive einlassen wollen, haben einen gesicherten sozialrechtlichen Status und können besser im Tätigkeitsfeld gehalten werden.

Die Einkünfte aus der öffentlich organisierten und (mit-)finanzierten Tagespflege sind bisher tendenziell geringfügig. Die Stundensätze der Jugendämter für »öffentlich betreute« Kinder lagen im Jahr 2006 durchschnittlich zwischen 1,70 € und 3,50 €. Häufig überschritten sie 2,50 € nicht (DIJuF-Erhebung in fünf Bundesländern). Diese Einkünfte wurden in der Vergangenheit als steuerfreie Einnahmen gewertet. Voraussetzung war, dass die Tagespflege nicht »erwerbsmäßig« betrieben wurde, was die Finanzverwaltung bei einer Betreuung von bis zu fünf Kindern ohne nähere Prüfung unterstellte.

Honorare aus privat vermittelten bzw. finanzierten Tagespflegeverhältnissen sind in der Regel höher und unterliegen den Marktgesetzen. Der Gewinn aus diesen selbstständigen Einkünften war vor von jeher uneingeschränkt steuerpflichtig. Die Ankündigung, dass ab dem Jahr 2008 nun alle Einkommen aus der Tagespflege versteuert werden müssen und in der Folge weiter reichende versicherungsrechtliche Konsequenzen zu erwarten sind, hat in der Tagespflege-Szene viel Verunsicherung und auch Unmut hervorgerufen. Sollte die allgemeine Steuerpflicht tatsächlich umgesetzt werden, steht zu befürchten, dass Tagesmütter entweder verstärkt Kinder über den privaten Markt betreuen oder das Tätigkeitsfeld wieder in größerer Zahl verlassen, wie zuletzt anlässlich der Einführung der Rentenversicherungspflicht. Familienpolitisch beabsichtigt ist, die öffentliche Tagespflege auszubauen und den freien Markt einzuschmelzen. Um negative Effekte für das System zu vermeiden, müssten die öffentlichen Einnahmen bei Einführung der allgemeinen Steuerpflicht so erhöht werden, dass Tagesmütter sich ihre Versteuerung auch leisten können.

Alterssicherung und Rentenversicherungspflicht
Seit In-Kraft-Treten des TAG haben Tagesmütter den Anspruch, Aufwendungen für Alterssicherung zur Hälfte erstattet zu bekommen. Der Deutsche Verein für öffentliche und private Fürsorge schlägt vor, sich zur Berechnung an einer selbstständig tätigen Tagesmutter mit einem Monatseinkommen über 400 € zu orientieren (2005). Entsprechend dem geltenden Mindestbeitragssatz zur gesetzlichen Alterssicherung beträgt die hälftige Erstattung der Aufwendungen rechnerisch knapp 40 €. Das Jugendamt sollte den Beitrag zur Alterssicherung laut Deutschem Verein an den Leistungsumfang koppeln, den eine Tagespflegeperson erbringt. Wer geringere oder höhere Geldleistungen erhält, bekommt dann einen entsprechend geringeren oder höheren Betrag für die Alterssicherung. Aufgrund der neuen Regelung im Kinder- und Jugendhilfegesetz haben viele Tagesmütter Verträge über eine Alterssicherung abgeschlossen.

Ein halbes Jahr nach Einführung des TAG hat das Bundessozialgericht entschieden, dass Tagespflegepersonen in die Gruppe der Erzieherinnen einzuordnen sind. Seitdem ist von einer Versicherungspflicht in der gesetzlichen Rentenversicherung auszugehen, wenn nicht lediglich eine geringfügige selbstständige Tätigkeit vorliegt (Hessisches Tagespflegebüro 2006). Es gelten auch hier die gesetzlichen Beiträge. (DIJuF 2006).

Krankenversicherung
Wenn die Einnahmen bei einer verheirateten Tagesmutter die Grenzen zur Familienversicherung übersteigen, müssen auch Beiträge für eine freiwillige Krankenversicherung entrichtet werden.

Gesetzliche Unfallversicherung
Im Zuge der Aufwertung der Tagespflege wurden die Vorschriften zur gesetzlichen Unfallversicherung denen für Tageseinrichtungen angeglichen. Kinder, die in Tagespflege betreut und gefördert werden, sind nun ebenfalls unfallversichert. Tagespflegepersonen müssen sich – auch bei selbstständiger Tätigkeit – in der gesetzlichen Unfallversicherung verpflichtend versichern und haben die Beiträge selbst zu tragen. Nachgewiesene Aufwendungen für die Beiträge zu einer Unfallversicherung werden den Tagesmüttern erstattet (§ 23 SGB VIII).

Anspruch auf laufende Geldleistung
Die Förderung von Kindern in Tagespflege nach Maßgabe von § 24 SGB VIII (Inanspruchnahme von Tageseinrichtungen und Kindertagespflege) beinhaltet die Gewährung einer »laufenden Geldleistung« an die Tagespflegeperson. Hierbei wird unterschieden zwischen dem »Beitrag zur Anerkennung der Förderungsleistung« und der Erstattung von Kosten für den Sachaufwand. Die Sachkosten beziehen sich auf Ausgaben, die im Zusammenhang mit der Tagespflege anfallen: Verpflegung, Pflegematerialien und Hygienebedarf, Ausstattungsgegenstände, Spielmaterialien, Freizeitgestaltung, Verbrauchskosten (anteilig Miete, Strom, Wasser, Heizung, Müllgebühren), Fahrtkosten und Wegezeitentschädigung für Kinderbetreuerinnen im Haushalt der Eltern. Die Bemessung sollte an die Entwicklung der Lebenshaltungskosten angepasst werden, auch wenn das gesetzlich nicht ausdrücklich geregelt ist (Münder u. a. 2006).

Wenn die Tagespflegeperson die Eignungskriterien erfüllt und den Eltern ein Betreuungsplatz zusteht (Bedarfskriterien in § 24 SGB VIII), ist das zuständige Jugendamt verpflichtet, den Rechtsanspruch der Tagespflegeperson auf die volle Geldleistung zu erfüllen (Sachkosten, Anerkennung der Förderleistung, Unfallversicherung, hälftige Altersversicherung). Das heißt: Das Jugendamt muss die »laufende Geldleistung« direkt an die Tagesmutter auszahlen – unabhängig davon, ob es von den Eltern eine Kostenbeteiligung einfordert (Münder u. a. 2006). Anders als früher muss eine Tagesmutter damit den Kostenanteil der Eltern nicht mehr selbst einziehen. Diese Vorleistungspflicht des Jugendamtes ist ein großer Fortschritt für Tagesmütter, denn Konflikte um die pünktliche Zahlung des Honorars haben häufig die Beziehung zu den Eltern kompliziert. Die Realität scheint jedoch noch anders auszusehen: Die Jugendämter zahlen die Geldleistung wohl nur in der Minderheit der Fälle direkt an die Tagespflegeperson. In der Mehrheit müssen die Tagesmütter die Elternbeiträge noch immer selbst »beitreiben«. Dennoch bedeuten die gesetzlichen Änderungen einen Systemwandel: Während die Tagespflege früher vom öffentlichen Träger häufig als Privatangelegenheit zwischen Eltern und Tagesmutter betrachtet wurde, wird sie nun als offizieller Beruf in Kooperation mit dem Jugendamt beschrieben (DIJuF 2006).

Was bedeutet angemessene Honorierung?
Die laufende Geldleistung umfasst neben den Sachkosten einen »Beitrag zur Anerkennung der Förderungsleistung«, der »angemessen« sein soll (§ 23 SGB VIII). Der Gesetzgeber hat offen gelassen, was unter Angemessenheit zu verstehen ist. Die Bundesregierung setzte für ihre Kalkulation zum TAG die Kosten für die Förderungsleistung der Tagespflegepersonen auf 480 € pro Kind und Monat, d. h. auf 3 € pro Kind und Stunde an (Schmid/Wiesner 2005). Der Geschäftsführer des Bundesver-

bandes für Kindertagespflege e.V. geht von einem Stundensatz zwischen 4 € und 5,50 € aus, wenn Tagesmütter einen wirtschaftlichen Erfolg erzielen wollen (Zühlke 2006). Die tatsächliche Höhe der laufenden Geldleistung legt in aller Regel das örtlich zuständige Jugendamt fest. Die Leistung wird entsprechend der täglichen Betreuungsdauer, dem Betreuungs- und Kostenaufwand der Tagespflegeperson und gegebenenfalls auch dem Alter des Kindes bemessen.

Die Höhe der laufenden Geldleistung variiert regional sehr stark. Für die öffentlich vermittelte und (mit-)finanzierte Tagespflege wurde in fünf ost- und westdeutschen Bundesländern im Herbst 2006 die bereits erwähnte Spanne zwischen 1,70 € und 3,50 € pro Stunde und Kind ermittelt (DIJuF 2006, S. 15). In fast allen Fällen wurde die laufende Geldleistung dabei allerdings nicht pro Stunde gezahlt, sondern pauschal für einen bestimmten Zeitraum (z. B. halbtags, dreivierteltags, ganztags). In den westlichen Flächenländern zahlten die Eltern nach Einschätzung der befragten Jugendämter relativ häufig eine zusätzliche Vergütung an die Tagespflegeperson. Für die privat gezahlte Tagespflege sind je nach lokaler Bevölkerungsstruktur und in Korrespondenz zu den Lebenshaltungskosten erheblich höhere Honorare zu erzielen. In München beispielsweise liegt der Schnitt bei 5 € pro Stunde, es gibt aber dort auch Stundenhonorare von 7 € und mehr (Weiß 2006). Mit der Strategie, Kinder aus öffentlich und privat organisierter und finanzierter Tagespflege zu mischen, versuchen Tagesmütter ihren Einkommensrahmen auf einem günstigen Niveau zu halten.

Die Stundenhonorare sind dabei nicht gleichzusetzen mit dem Nettoverdienst einer Tagesmutter. Aufwendungen für Sachkosten – die Vergütung hierfür ist noch keineswegs üblich (Riedel 2007) – verringern das Honorar. Bei selbstständig tätigen Tagesmüttern ist der Verdienst außerdem nicht als konstante Größe zu kalkulieren. Er hängt wesentlich von der Auslastung ab (Kinderzahl und Betreuungsstunden). Bei gehäuft unvorhergesehenen Beendigungen von Betreuungsverhältnissen – wenn ein Kind z. B. auf einen freien Platz in einer Tageseinrichtung wechselt – kann der Verdienst stark schwanken.

Um eine gute Auslastung zu erreichen und ein relevantes Einkommen zu erzielen, entsteht so der Anreiz, eine möglichst große Zahl an Betreuungsplätzen anzubieten. Diese Tendenz bricht sich gegenwärtig im Trend zur Eröffnung von Tagesgroßpflegestellen bahn. Da aber nicht alle Tagesmütter für diesen Schritt geeignet sind, wird aus der Fachszene ein anderes Finanzierungssystem angeregt: Ein gewisser Prozentsatz von Plätzen könnte, unabhängig von der konkreten Belegung, freigehalten werden. Auch die Expertinnen und Experten des DIJuF haben Ende des Jahres 2006 in ihrem Rechtsgutachten den Aspekt der »angemessenen« Honorierung hervorgehoben und für ein neues Vergütungssystem plädiert. Nach ihren Vorstellungen soll bereits für das erste betreute Kind ein gewisses Mindesthonorar als Sockelbetrag gezahlt werden, das sich bei weiteren betreuten Kindern um einen Faktor mit einer Mischung aus Kinderanzahl und Zeit erhöht.

In der Absicht, die Einnahmen von Tagesmüttern aus dem Niedriglohnsektor herauszuholen, leisten Jugendhilfeträger an Standorten guter Praxis verschiedentlich Zuzahlungen, die auch Anreize für qualitätsorientiertes Arbeiten bieten können. Solche lokalen Extras sind z. B. Fortbildungspauschalen, die Vergütung von Urlaubszeiten und Entgeltfortzahlung im Krankheitsfall.

In einem der wenigen hierzulande existierenden Anstellungsverhältnisse wurde eine Tagesmutter der Arbeiterwohlfahrt in Kiel (Tagesmütterbüro Mettenhof) im Jahr 2006 bei einer Vollauslastung von fünf Kindern in der Stufe BAT VIII vergütet (Stempinski 2006). Für 145 Stunden Betreuung im Monat erhielt sie ein Bruttogehalt von 1.575 €. Das entspricht – bei hoher Beanspruchung der Tagesmutter – einem Bruttostundenlohn von 10 € bzw. 2 bis 2,50 € je Stunde und Kind.

Honorar und berufliche Anerkennung
Eine Tagesmutter fasst in Worte, was auch viele andere empfinden: »Als ich angefangen hab' als Tagesmutter, war ich überhaupt nicht selbstbewusst. Ich hab' zwar gute Arbeit geleistet und die Eltern meiner Tageskinder waren zufrieden, aber ich selbst hab' mich eigentlich gar nicht als berufstätig angeguckt. Sondern irgendwie gesagt: ›Die Nebentätigkeit zu Hause‹. Man ist ja zu Hause und deswegen ist es ja kein richtiger Beruf.« Und eine Kollegin bestätigt: »Ich betreue für 18 Stunden in der Woche jeweils ein Kind. Das ist im Prinzip eine Halbtagstätigkeit, aber kein Mensch in meiner Umgebung sieht, dass ich arbeite. Ich bin ja den ganzen Tag zu Hause und kann machen, was ich will.« (Münchner Studie, Weiß 2006)

Die Bezeichnungen »Tagesmutter« und »Tagespflege« machen deutlich, wie die Betreuungsform in Westdeutschland lange Zeit gesehen worden ist. Die Begriffe legen nahe, dass es sich bei der Tagespflege um eine Art Ersatzmutterschaft handelt, bei der Frauen zu Hause vorwiegend pflegerisch tätig sind. Es kann der Eindruck entstehen, dass diese Frauen dafür weder besondere Voraussetzungen brauchen, noch viel Aufwand betreiben müssen und deshalb auch keine relevante Vergütung in Anspruch nehmen können. Fakt ist jedoch: Tagesmütter haben den offiziellen pädagogischen Auftrag, eine Förderleistung im Rahmen der Kinder- und Jugendhilfe zu erbringen. Sie sollen professionelle Kleinkindbetreuung im privaten Umfeld leisten. Sie müssen dafür ihren »Arbeitsplatz Privathaushalt« entsprechend organisieren. Sie gehen eine Erziehungspartnerschaft mit den Eltern der Tageskinder ein und brauchen entsprechende kommunikative Kompetenzen. Zu jedem Kind müssen sie eine förderliche Beziehung unterhalten. Sie sollen sozial kompetent, flexibel, selbstreflexiv, belastbar, zuverlässig, verantwortungsbewusst, empathisch und nach Möglichkeit auch noch humorvoll sein. Ihre Tätigkeit ist eine personenbezogene Vertrauensdienstleistung.

Auch wenn Tagespflege in der westdeutschen Tradition lange als ehrenamtliche Tätigkeit oder als Nachbarschaftshilfe unter Frauen verstanden worden ist, kann heute nicht mehr erwartet werden, dass Tagesmütter ihre Leistung ohne entsprechende Honorierung erbringen. Ohnehin stellen Eltern, wenn sie über ihre Tagesmütter sprechen, immer wieder deren großes Engagement heraus, das sie oft auch unentgeltlich zur Verfügung stellen. Das Ansehen von Berufen drückt sich in der Honorierung aus und speist sich gleichzeitig über die Honorierung. Diese kann insofern als eine wichtige Stellschraube für das gesamte System der Kindertagespflege gesehen werden.

Für den gewünschten Ausbau der Betreuungsform müssen ausreichend viele neue Tagespflegepersonen gewonnen werden. Der Deutsche Verein für öffentliche und private Fürsorge kam im Jahr 2005 zu der Einschätzung, dass die Honorierung »in vielen Fällen nicht ausreichend erscheint, um ein qualifiziert arbeitendes, stabiles lokales Kindertagespflegesystem aufzubauen« und genügend Tagespflegepersonen längerfristig zu binden. Nur in stabilen Betreuungsverhältnissen können die Kinder jedoch entsprechend gefördert werden. Beides – mengenmäßiger und qualitativer Ausbau der Betreuungsform – wird langfristig nur gelingen, wenn die Konditionen attraktiv genug sind und die notwendigen neuen Tagesmütter zu Aufwand und Ertrag eine positive persönliche Bilanz ziehen können.

Sowohl aus der Perspektive der Tagespflegepersonen als auch im Hinblick auf die Stabilisierung des Betreuungssystems Kindertagespflege sind realistische Einkommen, soziale Absicherung und berufliche Anerkennung erforderlich. Diese Grundlagen müssen umso mehr erfüllt sein, je mehr das Qualifikations- und Anforderungsniveau angehoben wird. Die Entwicklung eines Fachkräfteprofils und die Annäherung an die fachlichen Standards der institutionellen Kindertagesbetreuung brauchen den Ausgleich auf der Haben-Seite. Als Organisationsformen sind sowohl Anstellungsverhältnisse wie auch »selbstständiges pädagogisches Kleinunternehmertum« mit »Übergangsoptionen zu pädagogischen Berufen oder auch ins Sozialmanagement« möglich (pme 2007).

Wie kommen Tagesmutter und Tageskind zusammen?
Nach der genauen Betrachtung der oft schwierigen Rahmenbedingungen folgt nun eine Aussage, die in Erinnerung bringt, dass viele Tagesmütter ihren Beruf ausgesprochen gern ausüben: »Ich freue mich jeden Tag aufs Neue, wenn meine Tageskinder mich mit leuchtenden Augen begrüßen. Mir gefällt das Zusammensein mit den Kindern«, sagt eine Tagesmutter aus Sachsen-Anhalt (ZeT 3/2005, S. 21). Doch wie kommen Tagesmutter und Tageskind zusammen?

Sicht der Eltern
Eltern sind in der Phase des Suchens oft sehr verunsichert. Nicht selten stehen Mütter unter Zeitdruck und müssen wegen eines Jobangebots schnell eine Betreuungslösung finden. Das Suchen nach einer passenden Tagesmutter ist aus Elternsicht eine Vertrauenssache und stellt gerade deshalb für sie oft ein Problem dar. Eltern berichten: »Mein Sohn spricht noch nicht. Welche Sicherheiten gibt es da eigentlich? Entscheidet der Bauch? Letztlich kann ich mich nur auf mein Gefühl verlassen und auf Empfehlungen und dann schauen. Das ist schwierig.« »Ich hab telefoniert und gemerkt, ich komm nicht klar mit diesen Zetteln und den Anrufen. Ich weiß gar nicht, wo ich dann lande, wenn ich da anrufe. Was das für Haushalte sind.« »Ich finde wichtig, dass eine Passung vorab ausgewählt wird. Es ist

wichtig, dass es jemand ist, der die Tagesgruppe kennt und weiß, wie es da zu Hause ist.« (Münchner Studie, Weiß 2006)

Eltern suchen für die Betreuung ihres Kindes einen Menschen, dem sie uneingeschränkt vertrauen können. Sie sind mit der Auswahl und der Einschätzung aber oft überfordert. Die Passung und die »stimmende Chemie« zwischen den Eltern und der Tagesmutter mit ihrer Tagesfamilie spielt eine wichtige Rolle für die Stabilität eines Betreuungsverhältnisses. Gerade wenn ihr Kind noch klein ist und selbst noch wenig direkte Rückmeldungen geben kann, brauchen Eltern Sicherheit. Öffentlich verantwortete Tagespflege muss diese Sicherheit gewährleisten und den Suchprozess bestmöglich unterstützen. Gute Fachvermittlung nach § 23 SGB VIII begleitet die Eltern, bietet ihnen Beratung und macht Vorschläge. Der Effekt ist im günstigen Fall direkt spürbar – wie diese Auszüge aus Interviews mit Eltern zeigen: »Ich konnte beim ersten Mal gar nicht formulieren, was ich für Erwartungen an eine Tagesmutter hab'. Mit der Beratung hat's dann gut geklappt ... Die Fachkraft bei der Vermittlung hat mit mir rausgefiltert, was für eine Tagesmutter für mich in Frage kommt. Mit der Empfehlung ging das viel besser.« »Dann haben wir noch ein Gespräch mit der Fachkraft vom Stadtjugendamt gemacht, sie hat sich die Kinder angeschaut, wie die spielen, wie die so drauf sind. Und sie hat gesagt, sie kann sich eine bestimmte Tagesmutter vorstellen. Und die war's dann.« »Bei der städtischen Börse hat man mir gesagt: ›Das schaffen wir schon.‹ Da war ich echt froh. Ich muss sagen, da wird man wirklich so ein bisschen abgeholt. Das war super. Es wird auch nachgefragt, wie's geht. Das ist echt gut.« (Münchner Studie, Weiß 2006)

Vermittlung in Kindertagespflege ist zunächst eine fachliche Aufgabe des Jugendamtes. Es besteht allerdings kein Vermittlungsmonopol für den öffentlichen Träger. Die Vermittlung kann auch an freie gemeinnützige oder gewerbliche Träger delegiert werden. In den westdeutschen Bundesländern suchen Eltern ihre Tagesmutter viel häufiger als im Osten über die Vermittlung eines freien Trägers oder ganz auf privatem Weg (DIJuF 2006). Bei einer Befragung von Münchner Eltern gab ein Drittel von ihnen an, ihre Tagesmutter auf diese Weise gefunden zu haben. Die Hälfte war über die städtische Vermittlungsstelle erfolgreich. Gewerbliche Agenturen wurden wegen der anfallenden Gebühren weniger in Anspruch genommen (Münchner Studie, Weiß 2006).

Aus Elternsicht sieht der Ablauf von Fachvermittlung in optimaler Weise wie folgt aus: Zu Beginn des Vermittlungsprozesses steht die Beratung der Eltern. Nach einer Klärung der individuellen Situation und der Bedarfe trifft die Fachkraft eine Vorauswahl von einigen geeigneten Tagespflegepersonen, die zu dem betreffenden Kind und seinen Eltern passen könnten. Günstig ist eine Auswahl mit mehreren Optionen. Im ungünstigeren Fall gibt es ein alternativloses Angebot, das die Eltern akzeptieren können oder ablehnen müssen.

Die erste Kontaktphase wird vom Fachdienst Tagespflege ebenso begleitet wie später die Eingewöhnungszeit und der Abschluss eines Betreuungsvertrags (s. hierzu S. 115 f.) mit den grundlegenden Vereinbarungen. In einem Erstgespräch klärt die Fachkraft mit den Eltern und der Tagesmutter die gegenseitigen Erwartungen und Vorstellungen, stimmt mit ihnen zentrale Aspekte zum Rahmen der Tagespflege ab (Struck 2006). In der Eingewöhnungsphase (vgl. dazu auch die Informationen von infans e.V. & tmBV 2005) stellt sich dann heraus, ob eine belastbare Partnerschaft zwischen allen Beteiligten aufgebaut werden kann. Danach kann der Alltag beginnen.

Die Vermittlung kann, muss aber keineswegs in Form einer so genannten »Tagespflegebörse« mit Informationswänden und entsprechenden Aushängen zu Angebot und Nachfrage organisiert werden. Eine Adressdatei oder schriftliche Informationen zur Selbstsuche allein zur Verfügung zu stellen, genügt jedoch zur Erfüllung der Vermittlungspflicht nicht. Der öffentliche Träger oder der von ihm beauftragte freie Träger muss aktiv beratend tätig werden. Wichtig für Eltern und Tagesmütter ist, dass Angebote und Nachfragen möglichst aktuell weitergegeben werden.

Wenn mittelfristig ein integriertes System der Kindertagesbetreuung mit Platzangebot in Einrichtungen und Tagespflege entstehen soll, müssen Fachkräfte für die Tagespflege auch über die Platzangebote in Einrichtungen informiert sein und umgekehrt. Wegen des systematischen Zusammenhangs gilt diese Pflicht ebenso für die Plätze in Tageseinrichtungen wie in Tagespflege (§ 24 SGB VIII). Eltern müssen sich an zentralen Orten über alternative oder ergänzende Angebote informieren können. Zu diesem Zweck müssen Einrichtungen und Fachdienste für Tagespflege zusammenarbeiten, was zumindest im Rahmen der neuen vernetzten Zentren (Eltern-Kind-Zentren, Familienzentren, Mehrgenerationenhäuser) für die Zukunft geplant ist (s. hierzu Kapitel 4.2).

Sicht der Tagesmütter
Es gibt für Tagesmütter verschiedene Möglichkeiten, das eigene Angebot zu verbreiten: Sie können Anzeigen in Zeitungen oder Stadtteilzeitungen schalten, Flyer in Kindergärten, Familienbildungsstätten, wohnortnahen Einkaufsstätten und Firmen auslegen und sich in einer öffentlichen oder privaten Vermittlungsstelle oder Agentur für Firmen (z. B. pme Familienservice), für Behörden (z. B. AWO ElternService) oder für Privatkunden registrieren lassen. Je besser sie vernetzt sind, desto mehr werden Eltern auch aufgrund der Empfehlung von anderen Eltern auf sie aufmerksam.

Über das Procedere der Eignungsüberprüfung (s. hierzu S. 41 f.) ist der Kontakt zum zuständigen Jugendamt ohnehin bereits hergestellt und das grundlegende Angebotsprofil besprochen. Vielleicht haben die neuen Tagesmütter auch schon schriftliches Informationsmaterial oder ein Konzept erstellt, das an interessierte Eltern weitergegeben werden kann (s. hierzu S. 61). Dann bleibt nur noch zu prüfen, ob ein neues Kind von seinem Alter, seinem Geschlecht, seinen Betreuungszeiten und von seinem Temperament her in die eigene Tagespflegestelle passt und ob die Beteiligten »miteinander können«.

Die Tagesmutter als Unternehmerin

Eine Tagesmutter aus Bayern berichtet: »Mir gefällt der Aspekt der Selbstständigkeit sehr. Da kann ich mir mein eigenes Konzept gestalten, da redet mir keiner rein. Ich sehe meinen Beruf als selbstständige Berufstätigkeit und ich versuche das auch so zu formulieren, für mich selbst und für andere.« (Münchner Studie, Weiß 2006) »Eine Kindertagespflegestelle ist ein Kleinunternehmen im Dienstleistungssektor ›Jugendhilfe‹. Der wirtschaftliche Erfolg hängt – wie bei jedem Unternehmen – von der Kundenzufriedenheit und deren Zahlungsfähigkeit ab«, definiert der Geschäftsführer des Bundesverbandes für Kindertagespflege e.V., Klaus-Dieter Zühlke.

Wenn Tagespflege nicht nur als familiärer Zuverdienst im Windschatten eines männlichen Familienernährers sondern zur Sicherung der Existenzgrundlage betrieben wird, ergibt sich aus der beruflichen Selbstständigkeit für Tagesmütter ein Bündel notwendiger Fähigkeiten, das sich wohl am treffendsten mit »unternehmerischer Kompetenz« bezeichnen lässt (Stempinski 2004; Hinke-Ruhnau 2004). Eine Tagesmutter soll nicht nur die gleiche Förderungs- und Erziehungsaufgabe wie eine Erzieherin erbringen. Sie muss zudem die Kooperation mit den Eltern, die Integration der Tageskinder in die eigene Familie und den fachlichen Austausch mit anderen Tagespflegepersonen sehr viel selbstständiger organisieren, als das in einer Einrichtung der Fall ist.

Aus betriebswirtschaftlicher Sicht bieten Tagesmütter als Unternehmerinnen eine haushaltsnahe Dienstleistung in marktgerechter Form an. Das heißt: Sie sind in die marktwirtschaftliche Dynamik eingebunden, müssen leistungs- und gewinnorientiert arbeiten, ihre Ressourcen rationell einsetzen, Marktanalyse betreiben, sich innerhalb der Konkurrenz positionieren, sich gut verkaufen. Sie sind selbstständig und selbstverantwortlich auf eigene Rechnung tätig, tragen persönlich das unternehmerische Risiko und sind – auch nach den neuen gesetzlichen Regelungen – für ihre soziale Absicherung zumindest teilweise selbst zuständig.

Diese Rolle entspricht häufig nicht dem Selbstverständnis von Tagesmüttern, die sich lieber auf ihr pädagogisches Kerngeschäft und die Arbeit mit den Eltern konzentrieren möchten und sich mit den Aufgaben einer Unternehmerin unter Umständen überfordert fühlen. Angehende Tagesmütter sind oft wenig bis überhaupt nicht auf die geschäftliche Seite der Tätigkeit vorbereitet.

In der Vergangenheit sind wohl auch die wenigsten Tagespflegestellen als Ergebnis eines ausführlichen Planungsprozesses entstanden, wie er einer Unternehmensgründung in der Regel vorausgeht. Der höhere Grad von Verbindlichkeit und Verpflichtung, der aufgrund der neuen gesetzlichen Regelungen entsteht, mag in Zukunft zu Änderungen führen. Bisher sind viele Tagesmütter in die Tätigkeit eher »hineingerutscht«: »Meine alleinerziehende Nachbarin hat keinen Betreuungsplatz für ihren Sohn gefunden, als sie wieder zu arbeiten anfangen wollte. Sie hat mich gefragt, ob ich ihren Sohn nicht am Vormittag mit meiner Tochter zusammen betreuen könnte. Ich hab's probiert, es hat gut funktioniert und ich bin dabei geblieben. Ich bin also quasi ohne Absicht Tagesmutter geworden.« Erst im Verlauf der Tätigkeit stellt sich bei vielen heraus, ob sie längerfristig in dem Bereich tätig sein oder zusätzliche Kinder aufnehmen wollen: »Ich habe gemerkt, dass mir das wirklich Spaß macht und dass ich eigentlich gut mit Kindern umgehen kann.« (Stempinski 2007, S. 3)

Wegen der komplizierten Regelungslage und auch wegen der vielerorts mangelhaften Beratungsmöglichkeiten konnten in der Vergangenheit viele Tagesmütter am Anfang die finanziellen Konsequenzen ihrer Entscheidung auch gar nicht richtig überblicken. Unklarheiten und Schwachstellen bei Rechten und Pflichten werden oft erst während der Praxis sichtbar. Enttäuschung und Ärger haben dann nicht wenige schon zu einem Ausstieg aus der Tätigkeit veranlasst. Die Fluktuation unter den Tagespflegepersonen ist unter den derzeitigen Bedingungen dann auch ein Problem für die verantwortlichen Planer von Tagespflege in einer Kommune.

Welche unternehmerischen Fähigkeiten braucht eine Tagesmutter?
Hilfreich ist, sich ganz am Anfang einen Überblick über die Angebots- und Nachfragesituation im eigenen Einzugsgebiet zu verschaffen und für sich zu klären, welche Nische Erfolg versprechend belegt werden kann. Eine Tagesmutter sollte ihr Leistungsangebot entwickeln und beschreiben können: »Wodurch zeichnet sich mein eigenes Angebot aus?« »Wodurch unterscheidet es sich von anderen?« »Welche Kinder bzw. welche Eltern möchte ich ansprechen?« »An welche Zielgruppe richte ich mein Angebot?« Steht das Angebot, muss überlegt werden, wie die Zielgruppe am besten zu erreichen ist. Manche Tagesmütter legen dazu eine Informationsmappe an und stellen darin ihr »pädagogisches Konzept« vor, beschreiben einen Tagesablauf und geben Eltern so einen Eindruck von ihrer Tagespflegestelle.
In Deutschland erfolgte die Vergütung der Tagespflegepersonen bisher mehrheitlich pro Kind. Das Einkommen der Tagesmutter ist so unmittelbar mit der Zahl der betreuten Kinder verknüpft. Betriebswirtschaftlich betrachtet tauchen da schnell Fragen auf: »Wie hoch müssen meine Einnahmen sein, damit ich davon leben kann?« »Wie hoch dürfen meine Einnahmen sein, damit ich Versicherungsgrenzen nicht überschreite?« »Ab wie vielen Kindern arbeite ich rentabel?« Aber auch aus pädagogischen Gründen muss eine Tagesmutter für sich klären, wie viele Kinder

sie in ihrer Tagespflegestelle maximal aufnehmen kann oder will. Zur Entscheidungsfindung kann sie sich folgende Leitfragen stellen: »Welche persönlichen und pädagogischen Fähigkeiten und Möglichkeiten habe ich?« »Über welche räumlichen Möglichkeiten verfüge ich?« »Was ist mein pädagogischer Anspruch?« »Welche Schwankungen in der Auslastung muss ich einkalkulieren, um ein einigermaßen regelmäßiges Einkommen zu erzielen?«

Eine Tagesmutter braucht außerdem die Bereitschaft, sich mit Behörden und »Papierkram« auseinanderzusetzen. Sie muss Belege und Verträge ablegen und mit Versicherungen, Krankenkassen, Finanzämtern kommunizieren. Sie muss aktiv vielfältige, sich zum Teil widersprechende Informationen einholen, sich im Paragraphen- und Vorschriften-Dickicht zurechtfinden, sich über Neuerungen kontinuierlich auf dem Laufenden halten. Im Tagesgeschäft sind viele Planungs- und Organisationsaufgaben zu bewältigen, wie Zeitmanagement mit Tages- und Jahresgestaltung sowie Haushaltsplanung.

Um sich einen Überblick über ihre wirtschaftliche Situation zu verschaffen, muss die Tagesmutter außerdem in der Lage sein, ihren steuerrelevanten Gewinn zu ermitteln und Kosten-Nutzen-Rechnungen aufzustellen. Sie muss zu einer Form von funktionierender Buchhaltung kommen, laufendes »Controlling« durchführen und sich beispielsweise fragen: »Stimmt die Höhe des Essensgeldes noch, wenn die Lebensmittel erheblich teurer geworden sind?« »Welche Rücklagen muss ich bilden, um ungünstige Zahlungsmoral von Eltern oder Verzögerungen bei der Überweisung durch das Jugendamt in bedingtem Maße auffangen zu können?« »Wie kann ich die Betriebsausgaben von den privaten Ausgaben für meine Familie abgrenzen?« »Wie hoch setze ich zusätzliche Verbrauchskosten für Wasser, Strom, Heizung und Telefon an?« »Wie berechne ich die Anschaffung des strapazierfähigen Bodenbelags, die Abnutzung der Sitzgarnitur und das größere Auto?«

Nicht zuletzt sollte eine Tagesmutter auch ihr Auftreten professionell gestalten können. Professionell meint, eine der Profession entsprechende innere und äußere Haltung auszustrahlen und das eigene Angebot gut nach außen vertreten zu können. Das bedeutet auch, das eigene Licht nicht unter den Scheffel zu stellen und einen angemessenen Preis für die eigene Leistung zu vertreten, Gespräche in die Hand zu nehmen und zu strukturieren (s. hierzu S. 119 f.). Professionelles Auftreten ist selbstbewusst, aber nicht herablassend (Völschow 2004).

Eine Tagesmutter muss diese Aufgaben nicht ganz allein bewältigen, sondern kann sich Beratung und Unterstützung beim Jugendamt oder einem von ihm beauftragten Fachträger holen. Sie kann in der Qualifizierung, in Praxisgruppen oder im informellen Austausch mit anderen Tagesmüttern Erfahrungen austauschen und erhält so entsprechende Rückenstärkung.

Berufliche Selbstständigkeit erfordert viel Eigeninitiative. Für diejenigen, denen die wirtschaftliche Abwägung von Mitteleinsatz und Gewinn fremd ist, die Gewinnermittlung zu kompliziert (»Da verzichte ich lieber auf die paar Cent«), der nicht-pädagogische Aufwand zu mühsam, wäre ein Anstellungsverhältnis wohl eher das Richtige: »Besonders gut gefällt mir die Festanstellung als Tagesmutter, da ich mit mehreren Tagesmüttern im Team zusammenarbeite und wir uns im Alltag und auf Dienstbesprechungen gegenseitig unterstützen und helfen. Anleitung und fachliche Unterstützung sowie die Zuweisung der Tageskinder werden zentral vom Tagesmütterbüro der AWO Kiel geleistet. Dadurch kann ich mich auf die Arbeit mit den Tageskindern konzentrieren. Mir gefällt, dass ich einerseits unabhängig bin und die Gestaltung meines Alltags selbst bestimmen kann, aber andererseits durch den vorgegebenen Rahmen sehr viel Sicherheit erfahre. Ich kann für meine Familie sorgen, ich bin zu Hause und ich habe ein monatliches Auskommen.« (Festangestellte Tagesmutter aus Kiel in: ZeT 3/2007, S. 19)

Die Möglichkeit der Anstellung bei einem Träger der öffentlichen oder freien Jugendhilfe ist in Deutschland bisher nur Einzelnen vorbehalten. Da in der Tagespflege jedoch derzeit viel in Bewegung ist, sind auch hier langfristig Angleichungen an die Praxis im benachbarten Ausland nicht auszuschließen.

2
Praxiswissen für die Arbeit mit den Kindern

Mit welchen Kindern haben Tagesmütter zu tun? Kinder unter drei Jahren werden insgesamt am häufigsten in Tagespflege betreut. Unter ihnen sind es vor allem die Ein- bis Zweijährigen, für die Tagespflege in Anspruch genommen wird. Insbesondere in Westdeutschland werden aber auch schon viele Kinder im Alter unter einem Jahr von einer Tagesmutter versorgt. Wird nach öffentlicher und privater Tagespflege unterschieden, dann zeigt sich, dass in der öffentlichen Tagespflege etwa die Hälfte der Kinder über drei Jahre alt ist. Diese Situation entsteht, weil das institutionelle Betreuungsangebot den Bedarfen der Eltern nicht entspricht. Auch wenn sie nach dem Ende des dritten Lebensjahres ihre Kinder in eine Einrichtung geben oder die Kinder bereits schulpflichtig sind, müssen Betreuungszeiten, die dort nicht abgedeckt werden können, häufig über die Tagespflege aufgefangen werden (DJI-Kinderbetreuungsstudie 2006; amtliche Kinder- und Jugendhilfe-Statistik 2007). Was brauchen die Kinder in der Tagespflege? Auf welche Vorgaben muss sich eine Tagesmutter beziehen?

2.1 Pädagogischer Auftrag: Förderung, Bildung und Erziehung

Die Vorgaben im Kinder- und Jugendhilfegesetz

Schon in der vorhergehenden Fassung des Kinder- und Jugendhilfegesetzes war klargestellt, dass Kinder in der Tagespflege nicht nur familiennah betreut werden. Eine Tagesmutter leistet auch immer einen Beitrag zur Erziehung und Bildung ihrer Tageskinder. Im Zuge der aktuellen Diskussionen und Aktivitäten zur Bildung in der frühen Kindheit ist dieser letzte Aspekt in der neuen Fassung des SGB VIII im Jahr 2005 stärker betont worden: Unter der Überschrift »Grundsätze der Förderung« werden in § 22 erstmals gleiche Aufgaben für Tagesstätten und Tagespflege beschrieben. Damit wird unterstrichen, dass beide Formen einen positiven Beitrag zur Entwicklung von Kindern leisten können. Die Tagespflege ist hinsichtlich des Förderauftrags in den gleichen Rang wie die Tagesstätten erhoben. Die beiden Betreuungsformen unterscheiden sich in Geschichte, Strukturen und Ausbaustand beträchtlich (s. hierzu S. 16 f.). Trotz dieses professionellen Gefälles zwischen Tageseinrichtungen und Tagespflege wird der Förderauftrag fachlich zunehmend auch für die Tagespflege als verpflichtend angenommen. Eltern erwarten ohnehin, dass ihr Kind in Tagespflege und Tageseinrichtungen gleichermaßen bestmöglich in seiner Entwicklung gefördert wird. Der gemeinsame Auftrag verpflichtet alle in der Tagespflege Tätigen in besonderer Weise, ihren Alltag mit den Kindern unter diesem Gesichtspunkt stärker zu reflektieren und konzeptuell abzusichern. Qualifizierung, Weiterbildung und fachliche Begleitung werden sich nach und nach auf diese Anforderung einstellen.

Was ist unter Förderung genau zu verstehen?
Das Gesetz verweist zunächst auf eine sehr allgemeine Ebene: § 22 SGB VIII greift die Grundformel der Kinder- und Jugendhilfe auf und stellt fest, dass Tagespflege wie Tageseinrichtungen »die Entwicklung des Kindes zu einer eigenverantwortlichen und gemeinschaftsfähigen Persönlichkeit fördern« sollen. Dieses Erziehungsziel ist aus der Verfassung der Bundesrepublik Deutschland übernommen und soll ergänzend zur Erziehung und Bildung in der Familie verfolgt werden. Der Kommentar zum Gesetz erklärt, dass mit den beiden Begriffen »eigenverantwortlich« und »gemeinschaftsfähig« die »individuelle und die soziale Komponente« im Menschen angesprochen ist (Wiesner 2006). Daraus kann abgeleitet werden, dass Kinder einerseits Fertigkeiten entwickeln sollen, mit denen sie ihr Leben als Erwachsene einst gemäß ihren Begabungen und Interessen selbstständig gestalten können. Gleichzeitig brauchen sie auch soziale Fähigkeiten, um solidarisch mit anderen Menschen zusammen leben zu können. Kinder sind auf gesellschaftliche Bedingungen und auf ein persönliches Umfeld angewiesen, das ihnen die Ausbildung solcher Kompetenzen ermöglicht.

Zur Ausgestaltung des Förderungsauftrags wird in § 22 SGB VIII auf das Dreigespann »Erziehung, Bildung und Betreuung« verwiesen. Der ganzheitliche und umfassende Auftrag der fachlichen Arbeit kommt in dieser Aufzählung zum Ausdruck. Die Reihenfolge der drei Aspekte ist gegenüber der früheren Fassung geändert worden. »Betreuung« wurde als eine Art Oberbegriff für Versorgung, Pflege und Aufsicht nun an den Schluss gesetzt. »Bildung« und »Erziehung« sind in den Vordergrund gerückt und stehen in einem inneren Zusammenhang. Der moderne Bildungsbegriff bezeichnet den lebenslangen Prozess eines Menschen, im Rahmen dessen er seine Fertigkeiten allseitig entwickelt und erweitert. Bildung beruht bereits in frühester Kindheit sehr stark auch auf der Eigeninitiative eines Kindes und findet als Selbstbildung statt. »Erziehung« meint bewusstes Handeln von Erwachsenen, das bestimmte Lernprozesse und Verhaltensweisen beim Kind zielgerichtet unterstützen sowie Grenzen setzen will. Dabei werden auch Wertvorstellungen und Normen weitergegeben. Der gesetzliche Förderauftrag bezieht sich folglich »auf die soziale, emotionale, körperliche und geistige Entwicklung des Kindes. Er schließt die Vermittlung orientierender Werte und Regeln ein. Die Förderung soll sich am Alter und Entwicklungsstand, den sprachlichen und sonstigen Fähigkeiten, an der Lebenssituation sowie den Interessen und Bedürfnissen des einzelnen Kindes orientieren und seine ethnische Herkunft berücksichtigen« (§ 22 SGB VIII).

Diese Formulierung macht deutlich, dass der Förderauftrag die gesamte Entwicklung des Kindes betrifft und sich von einem Bildungs- und Erziehungsverständnis im Sinne von »Wissensvermittlung« unterscheidet. Um die Kinder auf ihre künftigen Lebens- und Lernaufgaben in einer Gesellschaft mit großen Herausforderungen vorzubereiten, müssen von Anfang an vor allem die persönlichen Ressourcen der Kinder gestärkt werden. Die Basiskompetenzen, die sie damit erwerben, werden ihnen helfen, später für sich Verantwortung zu übernehmen, am Leben in einer Gemeinschaft teilzunehmen und sozial verantwortlich zu handeln. Sie brauchen dazu Erwachsene, die ihnen Vorbild sind, indem sie die erwünschten Eigenschaften und Fähigkeiten selbst leben und im Alltag mit ihnen gemeinsam verwirklichen. Das sind große Ziele. Was können Tagesmütter konkret zur Erreichung beitragen?

Bildungspläne für Kinder in Tageseinrichtungen und Tagespflege
Als Reaktion auf die großen Untersuchungen (z. B. PISA) über den Leistungsstand von Schülerinnen und Schülern und über

die Beschaffenheit des Bildungssystems beschlossen deutsche Bildungspolitiker im Jahr 2004 einen Rahmenplan für die frühe Bildung in Kindertageseinrichtungen. Die jüngeren Ergebnisse der Kleinkindforschung haben zudem den Blick dafür geschärft, dass die Lern- und Entwicklungsprozesse in der frühen Kindheit neben Sozialisations- und Umfeldbedingungen die lebenslange Bildungsbiographie eines Menschen entscheidend mit beeinflussen. Der Rahmenplan soll zur Verwirklichung der Rechte auf Bildungs- und Lebenschancen beitragen, die allen Kindern in Deutschland gesetzlich verbrieft sind. Den Übergang zur Schule soll er optimieren.

Damit wurde eine Reform des deutschen Bildungswesens eingeleitet: Kindertageseinrichtungen werden als erste Stufe des öffentlichen Bildungssystems verstanden. Sie sollen jedoch nicht ausschließlich der Schulvorbereitung dienen, sondern haben mit »Erziehung, Bildung und Betreuung« einen eigenständigen Bildungsauftrag. Der ist ganzheitlich gemeint und zielt auf die »frühzeitige Stärkung individueller Kompetenzen und Lerndispositionen, die Erweiterung, Unterstützung sowie Herausforderung des kindlichen Forscherdrangs« (Gemeinsamer Rahmen der Länder für die frühe Bildung in Kindertageseinrichtungen, Beschluss der Jugendministerkonferenz und der Kultusministerkonferenz 2004). Spielerischen, erkundenden Lernformen soll im Elementarbereich der Vorrang gegeben werden.

Der Rahmenplan der Länder zu den Grundsätzen der Bildungsarbeit in den Kindertageseinrichtungen wird durch Pläne auf Landesebene ergänzt. Sie machen die Bildungsarbeit konkreter und sollen Fachkräften Orientierung bieten. Alle Bundesländer haben inzwischen ein Bildungsprogramm, einen Orientierungsplan oder entsprechende Empfehlungen. Manche von ihnen erklären ausdrücklich die Gültigkeit für den Bereich der Kindertagespflege mit und werden in Ausführungsgesetzen als Bezugsrahmen für Tagesmütter genannt (z. B. in Bayern). Wird die Umsetzung des gemeinsamen Bildungsauftrags aus dem Kinder- und Jugendhilfegesetz (§ 22 SGB VIII) ernst genommen, ist die Gültigkeit der Bildungspläne für die Tagespflege auch ohne speziellen Hinweis selbstverständlich.

Das neue Bild vom Kind – im Spiegel der Bildungsprogramme
Die pädagogischen Leitbilder in den Bildungsprogrammen wurzeln in reformpädagogischen Konzepten. In der Reformpädagogik wurde der von Friedrich Fröbel erstmals formulierte eigenständige Bildungsauftrag für den Kindergarten in spezifischen Ausprägungen weiterentwickelt. Etwa seit 1900 beschäftigten sich Menschen in Europa in verschiedenen pädagogischen Modellen vermehrt mit kindgerechten Lebens-, Lern- und Erziehungsbedingungen schon für die Kleinsten. Die Palette der mehr oder weniger bekannten Namen und Orte reicht von Montessori über Freinet bis Reggio. Allen diesen verschiedenen Interpretationen einer »Pädagogik vom Kinde aus« gemeinsam ist als Ausgangspunkt das »neue« Bild vom aktiven, sich selbst bildenden Kind und eine entsprechend »neue« Rolle der Pädagoginnen und Pädagogen als »Ermöglicher« und »Förderer« der Eigentätigkeit des Kindes. Bestätigt durch die Ergebnisse der Neurowissenschaft und der Entwicklungspsychologie bilden ebendiese reformpädagogischen Erfahrungen und Befunde heute den ideellen Hintergrund für die Bildungspläne wie für Aussagen zu Bildung von Kindern im Allgemeinen.

Das Kind wird dabei als von Anfang an kompetent, auf zwischenmenschlichen Kontakt ausgerichtet, als lernfähig und auch lernbegierig beschrieben. Dass es seine Entwicklung durch Selbsttätigkeit aktiv mitgestaltet, wird besonders hervorgehoben: Im Spiel und im Austausch mit Erwachsenen und anderen Kindern eignet ein Kind sich die Welt mit allen Sinnen an, wird selbstständig und gemeinschaftsfähig, wenn es von seiner Umwelt Zuwendung und vielfältige Anregung erfährt. Die frühe

Kindheit wird als die Lebensphase der größten Lernfähigkeit, aber auch der größten Verletzlichkeit beschrieben. Besonders betont wird die Qualität der Beziehungen zwischen Kindern und Erwachsenen. Weil die Kinder viel Eigenaktivität und Lernmotivation einbringen, wird eine pädagogische Haltung im Sinne von »Den Kindern etwas beibringen« oder »Die Kinder belehren« eher als unangemessen beschrieben. Vielmehr sollen anregende Gelegenheiten geschaffen werden, so dass die Kinder das tun können, was sie am liebsten tun: »Selber machen!« – also Erfahrungen sammeln, ihre Fähigkeiten ausbauen, kurz: Lernen. Pädagoginnen und Pädagogen machen den Kindern die Lernerfahrungen in Form von passenden Angeboten möglich, begleiten sie aufmerksam, unterstützen sie nötigenfalls und verstehen dabei auch sich selbst als Lernende.

Bildungspläne – Arbeitsgrundlage für die Praxis der Tagespflege?
Das »neue Bild vom Kind« ist im Bildungsplan jedes Bundeslandes auf die eine oder andere Weise beschrieben. Zwischen diesem pädagogischen Bekenntnis und der detaillierten Darlegung von Bildungszielen und -inhalten in den Plänen sehen kritische Stimmen ein gewisses Spannungsverhältnis (vgl. Liegle 2007). Sie sind der Auffassung, dass die neuen Bildungspläne den Charakter von Lehrplänen für den Schulunterricht haben. Denn wie schulische Lehrpläne definieren auch sie mehr oder weniger deutlich und übereinstimmend Kernthemen von Bildung: Sprachentwicklung, Schrift und Kommunikation; Persönlichkeitsentwicklung und soziale Entwicklung; naturwissenschaftlich-mathematische Grunderfahrungen; musische Bildung, Kreativität, Phantasie, Gestalten und Ausdruck; körperliche Entwicklung und Bewegung, Gesundheit; Natur und kulturelle Umwelten.

Beschreiben diese oder andere Bildungsbereiche quasi »Unterrichtsfächer« und entsteht durch die Arbeit mit Bildungsplänen eine Vorverlagerung von Schule auf das frühe Kindesalter?

Pädagogischer Auftrag: Förderung, Bildung und Erziehung

Wird in Betracht gezogen, dass in mehreren Bundsländern Kinder im Vorschulalter neuerdings einen Sprachtest absolvieren müssen und bei Bedarf in spezielle Förderprogramme integriert werden, mag man dieser Einschätzung zuneigen. Die Chancen der Bildungspläne liegen darin, die Aufmerksamkeit für die faszinierenden Lernerlebnisse und Entwicklungsschritte von Kindern zu erhöhen. Im Alltag muss bewusst werden, dass Kinder nichts lieber tun, als mit all ihrer Energie zu lernen. Eine größere Nähe des Elementarbereichs zur Schule sollte aber nicht dazu führen, dass Phänomene auf ihn übergreifen, die im Zusammenhang mit Schule bekannt sind. Leistungsstress wäre der Lernfreude von kleinen Kindern sicher nicht zuträglich.

Ludwig Liegle, emeritierter Professor für Erziehung in der frühen Kindheit an der Universität Tübingen, weist darauf hin, dass Kinder unter drei Jahren das aus sich selbst heraus motivierte, spielerische, erkundende und den ganzen Körper einbeziehende Lernen als wichtigen Entwicklungsmotor brauchen. So seien die Bildungsprozesse der Kinder immer auch in ihrem inneren Zusammenhang und nicht nur aufgeteilt nach Bildungsthemen zu sehen. Jedes Kind will als ganze Person wahrgenommen werden. Seine Bildungsprozesse sind Ausdrucksformen seiner individuellen Existenz. Liegle ermutigt dazu, die Bildungspläne als Anregung zu nehmen, den pädagogischen Freiraum zu nutzen und ihr Programm kreativ umzusetzen. Für diese Arbeit braucht es sensible Erwachsene, die Verantwortung für Kinder übernehmen.

Sensibel die Verantwortung für Kinder übernehmen

- Die Fachkräfte nehmen eine Haltung von grundsätzlicher Achtung und Anerkennung gegenüber dem einzelnen Kind und der Gruppe von Kindern ein. Sie bemühen sich um Verstehen und um angemessene Antworten auf Signale, Fragen und Bedürfnisse der Kinder.
- Die Fachkräfte eignen sich Wissen über lebensphasenspezifische Entwicklungs- und Bildungsprozesse der Kinder an. Sie kennen die Bedeutung verschiedener Erfahrungen und Tätigkeiten für sie.

- Die Fachkräfte verstehen sich auch als Vorbild. Sie wissen um die Bedeutung von Lernen durch Nachahmung und Identifizierung auf Seiten der Kinder und kennen den Wert von Selbstbeobachtung und Selbsterziehung für ihre Arbeit.
- Die Fachkräfte gehen in den Dialog mit den Kindern und pflegen vielfältige Formen kommunikativen pädagogischen Handelns (vgl. Liegle 2007).

Es entspricht dem zeitgemäßen Selbstverständnis von Tagespflegepersonen, sich als ebensolche Fachkräfte für die Erziehung, Bildung und Betreuung insbesondere von Kleinkindern zu sehen und ihr Handeln an den entsprechenden Leitlinien auszurichten.

2.2 Die Basis der pädagogischen Arbeit

Bindung als zentrales Konzept in der Kindertagespflege

Die Erkenntnis »Keine Bildung ohne Bindung« verweist auf die Tatsache, dass kleine Kinder verlässliche Beziehungen zu nahe stehenden Menschen – so genannten Bindungspersonen – brauchen, um ihre Umwelt begreifen zu können. Als »Bindung« wird ein besonderes emotionales Band zwischen zwei Menschen bezeichnet. Ein Säugling ist auf positiven engen Kontakt zu mindestens einer nahen Bindungsperson angewiesen, um innere Sicherheit erleben zu können. Über den engen Bezug zu den vertrauten Personen nimmt das kleine Kind die Welt wahr und macht prägende Erfahrungen für sein ganzes weiteres Leben. Mit welchem Selbstverständnis es später als Erwachsener im Leben stehen wird, wie es neuen Menschen und Situationen begegnet, wie widerstandsfähig es gegen Stress sein wird – dafür wird im Säuglings- und Kleinkindalter die Basis gelegt.

Die wohl engste Beziehung entsteht am Lebensbeginn zwischen Mutter und Kind. Eingehüllt in diese Nähe soll das Kind sich möglichst gut entwickeln. Dafür ist von Natur aus vorgesorgt, denn das Kind bringt schon bei der Geburt Verhaltensweisen mit, die ihm ermöglichen, diese Bindung in Gang zu setzen. Es hat in dieser ersten Bindungsbeziehung durch die Signale, die es aussendet, einen aktiven Part. Das bleibt so, auch wenn das Kind sich später an andere Personen bindet, die regelmäßig für es da sind, die es versorgen und beschützen. Ein Kind, das regelmäßig mehrere Stunden am Tag bei seiner Tagesmutter verbringt, von ihr gepflegt wird, mit ihr im lebendigen Kontakt ist, wird zu ihr ebenfalls eine Bindungsbeziehung entwickeln.

Wenn Säuglinge in den ersten Lebensmonaten in ihrem Bedürfnis nach Nähe und Sicherheit weinen und sich an eine vertraute Person anklammern, spricht man von Bindungsverhalten. Dieses Bindungsverhalten bleibt noch lange bestehen. Immer wenn das Kind sich fremd fühlt oder Angst bekommt, reagiert es auf ähnliche Weise. Es sucht dann die Nähe einer Bindungsperson und lässt sich durch Körperkontakt mit ihr und durch das vertraute Miteinander beruhigen. Weinen, wenn die Mutter weggeht, ist ebenfalls ein Bindungssignal.

Bindung entsteht idealtypisch in vier Phasen mit teilweise fließenden Übergängen: Ein Baby ist zunächst gleichermaßen ansprechbar auf alle Personen, die sich ihm nähern. Zunehmend konzentriert sich das Kind dann auf eine oder mehrere besondere Personen, bis es schließlich eine deutliche Bindung an die Person zeigt, die ihm am nächsten steht. Ab circa einem dreiviertel Jahr erweitert das Kind den Kreis über die engste Bindungsperson hinaus auf einige weitere vertraute Menschen. Etwa um diese Zeit »fremdeln« manche Kinder. Kinder, die an den nahen Kontakt mit einer anderen Person als der Mutter gewöhnt sind, tolerieren fremde Personen leichter (Becker-Stoll 2007).

Kinder brauchen feinfühlige Betreuungspersonen

Wenn Kinder Signale aussenden, mit denen sie ihr Bedürfnis nach Bindung kundtun, sind sie auf feinfühlige Erwachsene angewiesen, die ihre Signale wahrnehmen, verstehen und liebevoll angemessen beantworten. Angemessen zu antworten heißt unter anderem abzuwägen zwischen Unterstützung einerseits und dem Zugestehen von Autonomie andererseits. Das wird mit zunehmendem Alter des Kindes immer wichtiger. Feinfühlige Bezugspersonen erkennen, welche Kinder mehr Zeit brauchen, um Vertrauen fassen, sich angenommen fühlen und Beziehungen aufbauen zu können. Feinfühligkeit kann jede Tagesmutter lernen und üben. Alles, was dazu notwendig ist, ist die Bereitschaft zu wacher Aufmerksamkeit. Das aufmerksame Antworten von Betreuungspersonen auf das Verhalten eines Kindes, ihr so genanntes »responsives« Verhalten, ist ein wichtiger Maßstab für die Qualität von Betreuung.

Bindung als Voraussetzung für Lernen

Kleine Kinder können die Lust am Erkunden der Welt nur dann erleben, wenn sie eine »sichere Basis« haben, auf die sie sich immer wieder rückbeziehen können. Das so genannte »Explorationsverhalten«, das Erforschen der Umwelt, ergänzt das Bindungsverhalten komplementär. Es ist sozusagen die andere Seite der Medaille: Hat ein Baby oder Kleinkind zu einer Person eine Bindung aufgebaut, fühlt es sich sicher und kann von dieser »sicheren Basis« der Bindungsperson aus seine Umgebung untersuchen. Erschreckt sich das Kind bei seinen Erkundungsversuchen oder bekommt Angst, wird es müde oder hungrig oder fühlt sich überfordert, kehrt es zu seiner »sicheren Basis« zurück. Der Gesichtsausdruck der Bindungsperson hilft dem Kind, ein unbekanntes Geschehen einzuschätzen und mit seinen Empfindungen umzugehen. Bindung und emotionale Sicherheit sind Voraussetzungen für Lernen. Ein Kind, das durch seine erwachsenen Bezugspersonen keine positive Bestätigung erfährt, kann weniger gut explorieren.

Auch die kognitive Entwicklung, die Entwicklung des Denkens und der Intelligenz, wird maßgeblich von den Personen mitgetragen, zu denen das Kind Vertrauen aufgebaut hat. Sie helfen dem Kind nicht nur, mit emotional belastenden Situationen fertig zu werden, sondern unterstützen es auch dabei, die Grenzen seiner Handlungsfähigkeit zu überwinden. Das bedeutet, dass sie dem Kind genau die Hilfe liefern, die es braucht, wenn sein Können und Wissen noch nicht ausreicht, um eine Aufgabe zu lösen oder eine Situation selbstständig zu meistern. So bereiten sie vor, dass das Kind auch in Zukunft selbstständig handeln kann. Sie regen es zum Lernen an. Eine feinfühlige erwachsene »Spielpartnerin« unterstützt dabei die Neugier, die Exploration und die praktische Gewandtheit des Kindes ohne es zu überfordern. Bei feinfühliger Herausforderung lässt das Kind die beteiligte erwachsene Person deutlich erkennen, dass es sein »Werk« – z. B. den Turm aus Bauklötzen – selbst gemacht und so gewollt hat (Becker-Stoll/Niesel/Weiß 2007).

Die Tagesmutter als Bindungsperson

Babys und Kleinkinder können Bindungsbeziehungen zu mehreren Personen entwickeln. Damit ein Kind sich an andere, zusätzliche Personen zur Mutter binden kann, braucht es Gelegenheit zu regelmäßigem nahem Kontakt. Die Bindungsbeziehungen sind unabhängig voneinander. Jede dieser Bindungen wird eigens aufgebaut und hat eine eigene Qualität. Eine gute Eltern-Kind-Bindung verschlechtert sich nicht durch die Betreuung in einer Tagesstätte oder bei einer Tagesmutter. Sichere Bindungsbeziehungen auch außerhalb der Familie unterstützten das Kind vielmehr dabei, befriedigende soziale Interaktionen mit anderen Erwachsenen und Kindern zu gestalten – eine wichtige Grundlage für seine seelische Gesundheit. Aus der Sicht der Bindungsforschung spricht heute nichts mehr gegen eine frühe Betreuung eines Kindes außerhalb der Familie, wenn die Qualität gut ist.

Der Aufbau von Bindungsbeziehungen außerhalb des vertrauten familiären Netzes stellt eine eigene Entwicklungsaufgabe für Kleinkinder dar. Sie kann durch eine sorgfältige Eingewöhnung unterstützt werden (s. hierzu S. 57). Wenn ein Kind regelmäßig außerhalb der Familie betreut wird und dort Zuwendung, Nähe und Fürsorge erlebt, entwickelt sich zwischen ihm und der Tagesmutter oder der Erzieherin eine Bindungsbeziehung. Das Kind lässt sich dann von ihr leiten und anregen, wendet sich ihr auch in belastenden Situationen zu, lässt sich von ihr trösten und gewinnt Sicherheit aus ihrer Nähe. Die Beziehung des Kindes zu seiner Tagesmutter ersetzt trotz des familiennahen Rahmens nicht die Mutter-Kind-Beziehung. Beide Beziehungen können nebeneinander bestehen. Eine Mutter kann sich sicher sein, dass die Beziehung zwischen ihrem Kind und seiner Betreuerin ihrer eigenen Beziehung zu ihrem Kind nichts »wegnimmt«. Sie muss keine Angst um ihren Status als Mutter haben. Auch die Tagesmutter weiß: Sie muss die Mutter nicht nur nicht ersetzen, sie kann sie gar nicht ersetzen. Das Bewusstsein um diese Tatsache kann die Zusammenarbeit beidseitig enorm entlasten.

Erzieherinnen und Tagesmütter bauen nicht nur zu jedem Kind eine Bindungsbeziehung auf, sondern behalten darüber hinaus auch das Klima in der ganzen Gruppe im Blick und gehen mit den ihr innewohnenden Dynamiken angemessen um. Das ist eine komplexe Aufgabe – die wichtigsten Bedürfnisse eines jeden Kindes müssen im Einklang mit den Bedürfnissen der Gruppe zum richtigen Zeitpunkt erfüllt werden. Tagesmütter, die in aller Regel mit kleineren Gruppen als Erzieherinnen arbeiten, haben hier günstige Bedingungen. Auch die Tatsache, dass in der Tagespflege selbst bei ganztägiger Betreuung in aller Regel kein Schichtwechsel stattfindet und die Tagesmutter damit als Bezugsperson konstant bleibt, ist unter dem Aspekt des Bindungskonzepts wertvoll.

Die Pflegesituation als bedeutsame Begegnung

Zoltan kooperiert – ihm geht es gut

»›Zoltan‹, sagt die junge Frau, ›dies ist dein Jäckchen, das möchte ich dir jetzt anziehen.‹ Sie hält das Babyjäckchen hoch, so dass der drei Monate alte Säugling auf dem Wickeltisch das Kleidungsstück betrachten kann. Dann krempelt sie den winzigen Ärmel hoch und hält einen Moment inne. Zoltan streckt seine kleine Hand hin und die junge Frau streift dem Kind den Ärmel über. Zoltan lacht und strampelt vor Vergnügen. Beide freuen sich über ihr gelungenes Zusammenspiel.« (Gründler 2004)

Zoltan lebt in Budapest im Haus Lóczy, einem Heim für Sozialwaisenkinder, das gleichzeitig Forschungsinstitut ist. Weil seine Eltern nicht in der Lage waren, sich um ihn zu kümmern, kam Zoltan direkt von der Entbindungsstation dorthin. Die Wiener Ärztin Emmi Pikler hat das Kinderheim im Jahr 1945 gegründet und setzte dort die Prinzipien um, die sie aus der langjährigen Praxis als Familienärztin und der damit verbundenen Erfahrung in Säuglingspflege und frühkindlicher Erziehung entwickelt hatte. Von 1946 bis 1979 war Emmi Pikler Direktorin des Staatlichen Ungarischen Methodologischen Zentralinstituts für Säuglingsheime.

Emmi Pikler war ihrer Zeit weit voraus und plädierte schon vor rund 60 Jahren dafür, mit Säuglingen »taktvoll« umzugehen und eine echte Beziehung zu ihnen aufzunehmen. Ihr Ansatz ist in jeder Hinsicht, ganz besonders auch unter dem Aspekt frühkindlicher Bildung, heute aktueller denn je. In Frankreich ist er bereits eine wichtige Grundlage in der Ausbildung von pädagogischen Fachkräften für Kinder unter drei Jahren.

Einen Großteil seiner sozialen Erfahrungen macht ein Säugling, wenn er gefüttert, gebadet, gewickelt oder an- und ausgezogen wird. Emmi Pikler widmete deshalb den Pflegesituationen und der Qualität des Umgangs mit ganz kleinen Kindern besondere Aufmerksamkeit. Bei der Pflege werden die Grundbedürfnisse des Kindes befriedigt und es wird erreicht, dass es sich wohl fühlt. Gleichzeitig begegnen sich zwei Menschen: die erwachsene Person und das Kind. Die Pflegesituation wiederholt sich mehrmals täglich. Bei so vielen Kontakten kann nicht gleichgültig sein, wie sie ablaufen, betont Anna Tardos, die Tochter von Emmi Pikler und Psychologin im Kinderheim Lóczy (Tardos 2003).

Emmi Pikler und Anna Tardos haben erkannt: Es ist entscheidend, wie wir Säuglinge und Kleinkinder berühren, aufheben, tragen, mit ihnen reden. Wenn wir ihnen mit liebevollem Respekt begegnen und unsere Hände tastend, empfindsam, behutsam und feinfühlig sind, dann entspannt sich das Kind. Emmi Pikler war bestrebt, dass es den Kindern in ihrem Heim gut geht und entwickelte mit ihren Erzieherinnen, wie sie achtungsvoll mit ihnen umgehen können. Wenn sie ein Baby bewegen, stellen sie sicher, dass es im Einverständnis mit ihm geschieht. Sie kündigen ihr Vorhaben mit Worten an und warten, bis das Kind bereit ist, sich ihren Händen zu überlassen. Erst wenn sie spüren, dass es gelöst ist, nehmen sie es auf, cremen es ein oder ziehen ihm ein Kleidungsstück an. Erzieherinnen im Haus Lóczy wissen: Wenn ich diese Handlungen verkrampft ausführe, löst das beim Kind einen Gegenkrampf aus. Vermittelt eine Tagesmutter einem ihrer Tageskinder: »Ich beeile mich mit der Pflege, damit wir zum Eigentlichen, zum Spielen kommen können!«, gibt sie die Botschaft an das Kind weiter: »Die Pflege kann für dich nicht angenehm sein.« Waschen, Anziehen, Essen wird auf diese Weise für beide, für die Tagesmutter und für das Kind, enttäuschend.

Die Pflegesituation ist eine intime Situation: Die Erwachsene und der Säugling teilen währenddessen eine Fülle von Erlebnissen. Die Tagesmutter ist für den Säugling eine Person, die für ihn sorgt, die ihn trägt, seine Haut überall berührt, seinen ganzen Körper bewegt – eine Bezugsperson, die ihn anschaut, ihm zuhört, mit ihm spricht, manchmal Forderungen an ihn stellt und ihm Grenzen setzt. Beziehungsvolle Säuglingspflege bedeutet, die Pflegesituation zu nutzen als Zeit der intensiven Verständigung und des aufeinander bezogenen Handelns. Beziehungsvolle Säuglingspflege ist unendlich viel mehr als nur Hygiene. Was genau das für eine Betreuungsperson bedeutet, ist sehr schön in dem Filmmaterial aus dem Kinderheim Lóczy zu sehen (s. hierzu S. 144)

Dem Säugling als vollwertigem Menschen begegnen
Um Säuglingspflege beziehungsvoll zu gestalten, muss eine Tagesmutter – wie jede andere Bezugsperson auch – mit dem Kind Kontakt aufnehmen, eine innere Verbindung herstellen und halten, mit ihm im Dialog sein. Dieser Dialog wird geführt mit Worten und dem Klang der Stimme, mit Blicken, Mimik, Gesten und Berührungen. Die Betreuerin knüpft ein Band der Aufmerksamkeit zwischen sich und dem Kind. Sie antwortet als erwachsene Person auf die Reaktionen und Äußerungen des Kindes und das Kind reagiert wiederum auf die Erwachsene. Auch wenn beide schweigen, bleibt die Verbindung bestehen, und es findet eine stille Verständigung statt. Schon ein Neugeborenes nimmt aktiv an diesem Dialog teil: »Das Neugeborene ist fähig, sich als Antwort auf die berührende Hand des Erwachsenen zu entspannen oder sich zu verspannen, es kann zusammenzucken oder sich einschmiegen in die Hand der ihn aufhebenden Erwachsenen und es kann so zeigen, ob ihm die Berührung angenehm oder unangenehm ist.« (Pikler 2007)

Die Tagesmutter eines Säuglings oder eines sehr kleinen Kindes wird aufmerksam auf alles achten, was das Kind ausdrückt. Ein Kind, das noch nicht sprechen kann, stellt stille Fragen. Und auch die wollen beantwortet sein. Die Erzieherin versucht stets wahrzunehmen: Was ist für das Kind gerade wichtig? Dabei zeigt sie als Erwachsene ehrliche Achtung vor der Initiative, die vom Kind ausgeht. Sie bittet es beispielsweise um Entschuldigung, wenn das Kind während der Pflegesituation gerade »forscht« und sie seine Aktivitäten durch eine Pflegehandlung unterbricht. Sie nimmt den Säugling vom ersten Tag an als aktiven Partner an.

Wenn eine Tagesmutter die Persönlichkeit eines ihr anvertrauten Kindes achtet und seine Bewegungen nicht einschränkt sondern aufgreift, wird das Kind in der Pflegesituation mithelfen. Es wird ihr wie in der Situation mit Zoltan (s. S. 77) einen Arm entgegenstrecken, still halten, ihr das Gesicht zuwenden. So wird deutlich, was Jesper Juul, der skandinavische Familientherapeut damit meint, wenn er sagt, dass Kinder von Anfang an kooperieren wollen. Ein nur wenige Wochen altes Kind ist zu kooperativem Verhalten fähig. Die Erzieherinnen im Haus Lóczy unterstützen diese Bereitschaft, indem sie schon ganz kleine Kinder auf dem Wickeltisch fragen: »Wie könntest du mir helfen?«, obwohl das Kind eine solche Frage noch gar nicht zu verstehen scheint. Und sie erhalten Antwort in Form von kooperativem Verhalten. Je größer ein Kind ist, desto mehr erweitern sich seine Kooperationsmöglichkeiten.

Die besondere Bedeutung von Händen und Stimme

Emmi Pikler und Anna Tardos betonen die Bedeutung der Hände und des Sprechens bei der Pflege: Die Betreuerin umfasst den Säugling behutsam mit ihren Händen, ihr Blick und ihre Stimme hüllen ihn ein. Der Säugling überlässt sich ihren Händen und achtet auf den beruhigenden Klang ihrer Stimme. So können Vertrauen und Geborgenheit entstehen, Freude und Zufriedenheit. Eine herzliche, verlässliche Beziehung kann wachsen. Wird die Pflege auf diese bewusste Weise ausgeführt, werden sowohl die körperlichen als auch die seelischen Bedürfnisse des Kindes erfüllt: Am Ende ist es emotional satt, ruhig und tief zufrieden. Ein solches Kind macht Späße – auch das ist auf dem Filmmaterial aus Budapest zu sehen (s. S. 144). Und ein von Nähe und gemeinsamen Erlebnissen sattes Kind kann sich auch mit neuem Elan seiner »Forschungstätigkeit« und dem Austausch mit Gleichaltrigen zuwenden. Es braucht keine Rund-um-die-Uhr-Beschäftigung durch die Tagesmutter.

Wie die Erwachsenen den Säugling bei der Pflege berühren ist von enormer Bedeutung: »Hände heben ihn auf, legen ihn hin, waschen, kleiden, füttern ihn eventuell auch. Welcher Unterschied, wie anders ist das Bild der Welt, das sich für den Säugling offenbart, wenn ruhige, geduldige, behutsame aber doch sichere und entschlossene Hände mit ihm umgehen. Die Art, wie wir es anfassen, aufheben, kleiden, das sind wir für das Kind.« (Tardos 2003, S. 23) Erwachsene haben kaum eine Vorstellung davon, was ihre Hände für ein kleines Kind bedeuten. Ihre Hand ist so groß wie sein ganzer Rücken. Stellen wir uns vor, dass uns jemand mit Händen, so groß wie unser Rücken, hochnimmt: Wie ausgeliefert würden wir uns fühlen. Emmi Pikler und Anna Tardos folgern: Die Hände der Erwachsenen müssen behutsam und »taktvoll« sein.

Das Sprechen mit dem Kind ist von Anfang an zentral – unabhängig von der Frage: Versteht es mich? Emmi Pikler sagt: »Sprechen wir mit dem Säugling, verständlich, einfach, fließend und ruhig, auch schon mit dem Neugeborenen.« (Tardos 2003, S. 23) Das eigene Handeln mit Sprache zu begleiten, eine Tätigkeit anzukündigen, die Reaktionen des Kindes zu benennen, ist auch für die Erwachsenen von Bedeutung. Es kann helfen, mit der ganzen Aufmerksamkeit beim Kind zu bleiben oder nach einem Abschweifen zu ihm zurückzukommen. Wird die Pflege nur »durchgezogen«, kommt keine Beziehung zustande oder sie reißt ab. Ist das der Fall, wird das Kind zerstreut, abgelenkt und teilnahmslos. Es spürt immer, ob die Erwachsenen wirklich präsent und bei ihm sind. Wer abwesend ist, kann niemandem begegnen.

Praxiswissen für die Arbeit mit den Kindern

In der Pflegesituation lernt das Kind fürs Leben
Das Kind lernt in der Pflegesituation zentrale Dinge für sein zukünftiges In-der-Welt-Sein und seine Beziehungen zu anderen Menschen. Es erfährt, ob ihm Schutz und Unterstützung zuteil werden, ohne dass es ausgeliefert ist. Es erlebt, ob es Freude macht, in Berührung und Beziehung zu einem anderen Menschen zu sein. Es spürt, ob es wahrgenommen und respektiert wird. Wie das Kind emotional und körperlich berührt und angefasst wird, wirkt sich auf sein Leben und seine Persönlichkeit aus und formt sein Selbst-Bild. In den Pflegesituationen lernt das Kind auch auszudrücken, was ihm angenehm oder unangenehm ist. Pflege kann dem Kind dabei helfen, seinen Körper zu bewohnen, Freude an den körperlichen Funktionen zu finden und die von seiner Haut gebildete Grenze zu akzeptieren, die das Ich vom Nicht-Ich scheidet. Das Kind erlebt, dass eine erwachsene Bezugsperson gern mit ihm zusammen ist – oder eben nicht. Es erfährt, ob es gehört wird und Antwort findet.

Die Kommunikation während der Pflegesituation läuft manchmal fast unbemerkt ab und ist doch von so grundlegender Bedeutung: Freude am Zusammensein, Vertrauen, Geborgenheit – aber auch Uneinigkeit, Ablehnung, Resignation, der Wunsch zu kontrollieren, Sieg ... Dieses Zusammensein birgt einen immensen Reichtum an Gefühlen. Das Kind entdeckt die Vielfalt seiner eigenen Erwartungen und Wünsche ebenso wie die der Erwachsenen. Und zentral ist: Während der Pflegesituation erlebt das Kind, geliebt zu werden, sich selbst zu lieben und andere zu lieben.

Das Kind erlebt sich – auch wenn es sich ansonsten in einer Gruppe befindet – in der Pflegesituation mehrmals am Tag als Mittelpunkt der Welt. Es erfährt: »Ich bin jetzt am wichtigsten.« Es muss dann nicht um Aufmerksamkeit kämpfen. In einem fest umrissenen Rahmen ist ihm diese sicher. Im Haus Lóczy befindet sich der Wickelplatz im Gruppenraum. So bleiben die

Betreuerin und das Kind bei den anderen Kindern, sind aber für die Zeit der Pflege ganz aufeinander bezogen. Auch wenn ein anderes Kind währenddessen ein Bedürfnis äußert, geht die Betreuerin nicht aus der Beziehung fort. Sie vermeidet so, dass die Kinder Beziehungen erleben, die, kaum angebahnt, immer wieder abgebrochen werden. Traumatisierte Kinder brauchen diese Sicherheit besonders, aber auch für alle anderen ist sie wohltuend. Die Betreuerinnen im Haus Lóczy können sich auf diese Weise verhalten, weil sie alle Kinder emotional gut versorgt wissen. Sie vertrauen darauf, dass ein Kind, das ein Bedürfnis während der Pflege eines anderen anmeldet, vorübergehende Lösung oder Trost finden wird. Und sie wissen, dass auch dieses Kind seine ungestörte Pflegezeit mit ihnen hat.

Pflege braucht Zeit
Wenn die Betreuerin sich Zeit nimmt und es zulässt, kommt das Kind mit seiner Persönlichkeit und seiner augenblicklichen Befindlichkeit in der Pflegesituation zum Vorschein und drückt sich aus. Das Zeiterleben eines Neugeborenen ist völlig anders als das Zeitempfinden der Erwachsenen. Allzu rasche Bewegungen stressen ein kleines Kind. Das schnelle Zur-Welt-Kommen ist ein recht gewaltsames Geschehen für das Neugeborene und löst Panik aus. Alle schnellen Bewegungen haben dann zunächst dieselbe Wirkung. Oft wird dem Kind keine Zeit gegeben, um zu reagieren und sich vorzubereiten. Vielmehr erlebt es, dass plötzlich etwas Unvorhergesehenes mit ihm geschieht, das es nicht einordnen kann. »Es ist nicht leicht, man muss seine Einstellung dem Kind gegenüber ändern, aber es ist wirklich lebenswichtig, sich niemals mit einem Baby und besonders mit einem Neugeborenen zu eilen.« (Tardos 2003, S. 23)

Beziehungsgestaltung in der Pflegesituation

In den Filmszenen aus dem Kinderheim Lóczy (s. S. 144) sind Pflegesituationen in vielen Variationen und mit wechselnden Beteiligten zu sehen. Grundlegende Merkmale sind bei aller Individualität der einzelnen Begegnungen wiederzuerkennen: Während sie das Kind versorgt, achtet die Betreuerin darauf, wie es auf alles reagiert, was mit ihm geschieht. Sie versucht, seine Bedürfnisse zu erkennen und seine Impulse zu berücksichtigen. Wenn das Kind sich gerade für die anderen Kinder im Raum interessiert oder etwas erforschen möchte, respektiert sie das im möglichen Rahmen und begleitet es interessiert. »Sie teilt dem Kind mit, was sie tun möchte, gibt ihm Zeit zu ›antworten‹ und führt dann, wenn beide einverstanden sind, mit sanften und sicheren Bewegungen ihr Vorhaben aus. In ihrem Handeln unterstützt sie die Aktivität des Kindes. Sie lädt es ein (»Ich möchte dir das Hemd anziehen«), beobachtet es (Welchen Arm wird es mir entgegenstrecken?), bezieht sich in ihrem Tun darauf und begleitet das mit Worten (»Ich nehme jetzt deinen Arm und zeige dir, wie du in das Hemdchen kommst, ja?«). Die Handlungen und die sprachliche Begleitung kehren wieder. ... Das hilft den Kindern, ein Gefühl für die Abläufe zu entwickeln. Sie kennen das Vorgehen und erwarten den nächsten Schritt. Die Wiederkehr des Vertrauten bietet ihnen Sicherheit« (Allwörden/Drees 2006). Die Erwachsene nimmt das Kind in seinen Absichten wahr und behält gleichzeitig die Notwendigkeiten und das Ziel der Situation im Blick. Wickeln und Anziehen scheinen, wenn sie auf diese Weise ausgeführt werden, eine große Herausforderung darzustellen. Sie bieten jedoch so viel mehr Gelegenheit für echte Begegnung.

Emmi Pikler wandte ihre Grundsätze sehr erfolgreich bei Kindern an, die in einer Heimsituation aufwachsen. Sie hat damit erreicht, dass die Kinder nicht die unter Heimkindern damals weit verbreitete Symptomatik des so genannten »Hospitalismus« entwickelten. Dabei handelt es sich um auffällige Verhaltensweisen und Entwicklungsverzögerungen, körperliche und seelische Schäden aufgrund von mangelnder emotionaler Zuwendung und wenig Anregung. Ein Kind mit Hospitalismus-Symptomen nimmt von seiner Umgebung kaum Notiz, ist bewegungsarm, teilnahmslos und vermindert in seiner Ausdrucksfähigkeit. Die Kinder im Haus Lóczy dagegen sind lebendig und aktiv, kommunikationsfreudig und bewegen sich von den ersten Monaten an erstaunlich geschickt und selbstbewusst.

Die Prinzipien der Arbeit von Emmi Pikler eignen sich für alle Kinder und bieten eine hervorragende Grundlage, um gute Beziehungen gerade zu Kleinkindern aufzubauen. Eine Berliner Tagesmutter, die die Impulse und Forschungsergebnisse von Emmi Pikler und Anna Tardos zur Grundlage ihrer Arbeit mit Tageskindern gemacht hat, ist der Meinung: »Die Tagespflege ist eine wunderbare Möglichkeit, Säuglinge und Kleinkinder mit Respekt und Achtsamkeit im Sinne Emmi Piklers zu betreuen.« (Meinzolt in: ZeT 1/2003, S. 22)

2.3 Bildung in der frühen Kindheit – Bildung in der Tagespflege

Jakob erkundet die Welt

»Manchmal hat man das Glück, einem Entdecker beim Erkunden neuer Kontinente zusehen zu können. Jakob, drei Jahre alt, lehnt über dem Spülbecken und lässt seine Flotte zu Wasser. Er hat sie sich zusammengesucht aus dem, was in der Küche so herumlag: zwei Walnüsse, ein Plastikeierbecher, ein Radiergummi in Dampferform, das Unterteil der Zitronenpresse. Eicherbecher und Nüsse schwimmen, der Gummi geht unter. Jakob hebt ihn auf, legt ihn auf eine Walnuss, sie trägt ihn kurz, dreht sich dann, der Gummi sinkt, die Walnuss bleibt oben. Nuss runterdrücken, nach oben flutschen lassen. Gummi und Nuss in die Zitronenpresse, sie schwimmt, Wasser aus dem Eierbecher dazugießen, Presse kentert, Gummi sinkt, Nuss bleibt oben. Presse ausleeren, neu zu Wasser lassen, Wasser hinzugießen. So geht das eine gute halbe Stunde lang. Manchmal hält Jakob inne und lässt einen kräftigen Strahl frisches Wasser ins Becken laufen. Dann wieder schiebt er die beiden Nüsse aufeinander zu, bis sie sich mit den Spitzen berühren, und sagt dazu leise ›Heirat, heirat, heirat ...‹ Ich stehe hinter Jakob und sehe ihm zu. Normalerweise hätte ich das Flottenmanöver im Spülbecken mit ein paar Seitenblicken und gelegentlichen Ermahnungen bedacht: Spritz nicht so viel rum! Krempel die Ärmel hoch! Dreh endlich den Wasserhahn zu! Heute betrachte ich meinen Sohn genauer, und dabei gehen mir Fragen durch den Kopf, die ich mir ein paar Wochen zuvor noch nicht gestellt hätte. Vielleicht unternimmt er gerade eine Erkundung zum Thema Masse, Dichte und Volumen. Vielleicht geht es ihm ums Archimedische Prinzip. Oder versucht Jakob vielmehr, Effekte der Schwerkraft auszuloten? Oder ist er am Ende zu einem ganz anderen Kontinent aufgebrochen, dem weiten Feld der zwischenmenschlichen Beziehungen? ... Wer Kinder bei ihren Welt-Erkundungen genauer beobachtet wird feststellen, dass sie dabei ähnlich wie Wissenschaftler vorgehen – systematisch, konzentriert, mit unbeirrbarer Konsequenz. Sie unternehmen Experimente, manchmal ganze Versuchsreihen, aus denen sie Theorien ableiten, die sie wiederum durch neue Experimente untermauern – oder auch revidieren. Auf ihren Gesichtern spiegelt sich der heilige Ernst, mit dem sie ihre Ziele verfolgen.« (Romberg 2002)

Kleinkinder sind hoch motivierte Forscherinnen und Forscher und immer darauf aus, zu lernen. Sie suchen unermüdlich nach neuen Erfahrungen und sind fortwährend damit beschäftigt, sich ein Bild von der Welt zu machen. Es gibt – außer wenn sie schlafen – keine lernfreien Zeiten für sie. Das meiste lernen sie beiläufig in ganz normalen Alltagssituationen. Die Lust und die Freude, durch eigenes Handeln ihre Erfahrungen und ihren Wirkungskreis ständig zu erweitern, tragen sie in sich und setzen dazu alle Sinne ein: Hören, Riechen, Schmecken, Fühlen, Sehen. Der ganze Körper ist beteiligt. Sie konstruieren ihre innere Welt im Austausch mit anderen Menschen aus sich selbst heraus und können nur bedingt von Erwachsenen gebildet werden. Sie brauchen erwachsene Bezugspersonen, die sensibel auf ihre Bedürfnisse eingehen, ihnen Anregung und Orientierung geben. Kinder brauchen für eine positive Entwicklung andere Kinder, mit denen sie sich auseinandersetzen und emotional verbinden können. Und schließlich brauchen Kleinkinder auch eine interessante Umgebung, die zu »erforschen« sich lohnt. Ihr Lebensraum muss sicher sein, damit sie die Anregungen aus der Umwelt und soziale Kontakte zu anderen Menschen aufnehmen können. Bereits Säuglinge sind ausgesprochen kontaktfreudig und beziehungsfähig. Sie treten ab der Geburt aus eigener Initiative in einen intensiven Dialog mit ihren Mitmenschen und ihrer Umwelt. Sie sind offen, neugierig und in der Lage, differenzierte Beziehungen mit verschiedenen Personen – auch mit Gleichaltrigen – in ihrem Umkreis aufzunehmen.

Bildung und Erziehung von kleinen und größeren Kindern sind somit in starkem Maße auch Beziehungsarbeit: Kinder lernen, auch wenn sie in sich selbst versunken sind, in konkreten sozialen Situationen. Sie lernen in der Interaktion mit anderen Kindern und mit Erwachsenen. Und sie lernen weniger erfolgreich, wenn ihnen Erwachsene nur sagen, was sie lernen sollen, anstatt es ihnen vorzuleben. Kinder brauchen an erster Stelle eine bedingungslos positive Beziehung. In diesem Rahmen haben Tagespflegepersonen vielfältige Möglichkeiten, Einfluss auf das Lernen der kleinen Kinder zu nehmen, die sie betreuen.

Diese Chance und Aufgabe wird am Beispiel der Sprachentwicklung im Folgenden exemplarisch auch für andere Lernbereiche skizziert. Das Erlernen von Sprache hat fundamentale Bedeutung für die gesamte menschliche Entwicklung: für das Denken und das Fühlen eines Menschen wie auch für die Verständigung mit Anderen. Der Spracherwerb ist mit der körperlichen und der motorischen Entwicklung eng verbunden und baut auf der Sinneswahrnehmung auf. Die Beherrschung von Sprache ist eine Schlüsselkompetenz. Sprache ist Kulturträger und Kulturtechnik – auch und gerade in Zeiten der Dominanz medialer Vermittlung von Inhalten. Immer mehr Kinder haben heute sprachliche Defizite, so dass die Förderung der Sprache in Wort und Schrift besondere Aufmerksamkeit braucht.

Bildung in der Tagespflege – ein Beispiel: die Sprachentwicklung unterstützen
Sprachförderung ist aktuell in aller Munde, sie ist wichtiger Bestandteil der Bildungspläne für Kindertageseinrichtungen. Die in einigen Bundesländern bereits verpflichtenden Sprachtests haben bestätigt: Viele Kinder haben Schwierigkeiten mit der deutschen Sprache. Betroffen sind Kinder, die in einem Haushalt mit einer anderen Muttersprache als Deutsch aufwachsen. Doch auch zahlreiche Kinder aus deutschen Familien haben Sprachprobleme.

Bei dem Bemühen um Sprachförderung gilt es, nicht nur isoliert die Sprache, sondern immer den ganzen sprechenden Menschen und seine allseitige Entwicklung in den Blick zu nehmen. Denn Sprache im herkömmlichen Sinn ist nur eines unserer Ausdrucks- und Verständigungsmittel. Wir alle nutzen unterschiedliche Werkzeuge: Wir sprechen in Bildern und Musik. Wir verständigen uns mit dem Körper und drücken unsere Emotionen über ihn aus. Gesprochene Sprache aber steht mit der kognitiven Entwicklung und der Fähigkeit zu abstraktem Denken in enger Wechselwirkung und gilt als Schlüssel für alle Bildungsbereiche. Und die ersten Lebensjahre sind beim Spracherwerb besonders wichtig.

Die Kommunikation eines Menschen mit seiner Umwelt beginnt mit dem ersten Schrei. Wer beobachtet, wie intensiv Kinder mit anderen Menschen kommunizieren bevor sie sprechen können, dem wird klar, dass zur Sprachkompetenz mehr gehört als das gesprochene Wort. Spracherwerb ist eingebettet in die gesamte frühkindliche Entwicklung. Von Geburt an kommunizieren Kinder durch Mimik, Gestik, Körpersprache und Laute. Ihre Mitmenschen nehmen diese Signale wahr und reagieren auf sie, so dass das Kind sich verstanden fühlt. Interesse und Freude am »Wechselgespräch« entstehen.

Wie für alle Lernprozesse sind auch für das Sprechen bestimmte körperliche Voraussetzungen notwendig. Die Entwicklung des kindlichen Gehirns muss soweit fortgeschritten sein, dass Sprechen möglich ist. Die Wahrnehmung mit allen Sinnen ist für die Sprachentwicklung eine weitere wichtige Basis. Jedes Kind speichert die Erfahrungen, die es mit dem Hören, dem Sehen, dem Fühlen, dem Riechen und dem Schmecken macht. Nach und nach verknüpft es diese Erfahrungen mit Begriffen. »Nass« und »trocken«, »glatt« und »rau« muss ein Kind über die Haut gefühlt oder mit den Händen ertastet, mit dem Mund untersucht haben. Auch Hören hat einen zentralen Stellenwert für die Entwicklung der gesprochenen Sprache. Das Kind hört seine eigenen Laute und die Reaktionen seiner Mitmenschen, die die Laute wiederholen, verändern, ergänzen. Das wiederum regt ein Kind zur Nachahmung an. Die motorische Entwicklung spielt eine ebenfalls sehr bedeutsame Rolle: Ein Kind erweitert mit wachsender Bewegungsfähigkeit seinen Gesichtskreis, es rollt sich auf die Seite und auf den Bauch, sitzt, krabbelt, richtet sich auf, lernt laufen, rennt schließlich, klettert, kriecht und versteckt sich. Im Erkunden seiner erst näheren und dann immer weiteren Umgebung erfährt es ganz unmittelbar die Bedeutung von »oben« und »unten«, »vorne« und »hinten«, »langsam« und »schnell«, »eng« und »weit«.

Ein Kind beobachtet Mimik und Gestik seiner Gesprächspartnerinnen und -partner ganz genau. Der Blickkontakt mit vertrauten Personen ist unverzichtbar für seine Fähigkeit, Kommunikation zu entschlüsseln. Neues erhält seine emotionale Bedeutung auch durch den Blick und die Mimik des Gegenübers. Bleibt der oder die andere entspannt, kann auch das Kind gelassen sein. Anspannung des Gegenübers dagegen verknüpft Worte wie z. B. »Nein« oder »Vorsicht« mit entsprechenden Gefühlen.

Wie Sprache gelernt wird
Schon im Mutterleib kann das ungeborene Kind die Stimme der Mutter wahrnehmen. Nach der Geburt entsteht der Dialog über Berührungen, Blickkontakt und feinfühlige Reaktion auf die Signale des Kindes. Das eigentliche Sprechen ist ein komplizierter feinmotorischer Vorgang und muss richtiggehend gelernt werden. Das Zusammenspiel der Organe und Muskeln des Sprechapparates muss gut aufeinander abgestimmt und geübt werden.

Im zweiten bis dritten Lebensmonat wird das Spiel mit der Stimme intensiver. Die Menschen, die für das Kind da sind, reagieren auf seine Lautäußerungen mit Wiederholungen, Gesten, Berührungen. Allmählich lernt das Kind Laute und Melodie seiner Muttersprache kennen. Wie Kinder schon im Alter von wenigen Monaten bei Begegnungen mit Gleichaltrigen kommunizieren, ist sehr schön in der Szene »Zwei Babys oder ein Instrument wird gestimmt« auf der DVD »Wach, neugierig und klug – Kinder unter 3« zu sehen (s. hierzu S. 144). Die beiden Kleinkinder begegnen sich hier so vertraut, als sprächen sie eine gemeinsame Sprache. Indem sie »lautieren« und verschiedene Ooohs und Aaahs hervorbringen, trainieren sie ihre Sprechmuskulatur. Es ist zu sehen, wie die variationsreichen Melodien ihren ganzen Körper fordern.

Ab ungefähr dem neunten Monat lallen Babys in Silben, kombinieren Vokale (Selbstlaute) und Konsonanten (Mitlaute). Das macht ihnen ganz offensichtlich großen Spaß. Sprachrhythmus, Melodie und Betonungen werden immer vertrauter und in der Kombination mit Mimik und Gestik der vertrauten Personen wird das Sprachverständnis auch immer besser. Das Kind antwortet: Nicht mit Worten aber mit dem ganzen Körper drückt es z. B. Zustimmung oder Ablehnung aus.

Zwischen dem elften und dem 13. Monat spricht das Kind die ersten Worte. Die so genannten Einwortsätze, die es dann hervorbringt, meinen ganze Sätze oder Fragen. Auch diese Entwicklungsphase ist auf der DVD »Wach, neugierig und klug – Kinder unter 3« (s. S. 144) gut dokumentiert. Die Szene dazu heißt »›Löffel!‹ oder ein Wort ist mehr als nur ein Wort«: Ein Mädchen ist in einer Essenssituation zu sehen. Es hat schon eine Menge Erfahrung, denn es weiß, dass die Ravioli mit einem Löffel leichter zu essen sind als mit einer Gabel – also ordert sie einen. Die Erzieherin kommt der beharrlichen Aufforderung des Mädchens erst nach einer Weile nach. Inzwischen versucht es die für sie unbequemere Variante mit der Gabel. Die Worte »Löffel« und »Sauce«, die das Mädchen spricht, bergen jeweils ganze Sätze – einen freundlichen: »Gib mir bitte einen Löffel«, und einen im Kommandoton: »Schieb mir mal die Sauce rüber!« Das Mädchen erlebt die Macht der Sprache ganz unmittelbar: Löffel und Sauce kommen wie gewünscht.

Am Ende des zweiten Lebensjahres kombinieren Kinder in der Regel Zweiwortsätze. Sie wissen jetzt, dass jedes Ding einen Namen hat, und der Wortschatz erweitert sich so schnell, dass ungefähr zu Beginn des dritten Lebensjahres von einer »Wortexplosion« gesprochen werden kann. Der Satzbau wird anspruchsvoller und zur Freude der Erwachsenen entstehen originelle Wortschöpfungen.

Zwischen dem dritten und vierten Lebensjahr hat das Kind die Grundstrukturen der Muttersprache verinnerlicht und es kann sich in zusammenhängenden Sätzen ausdrücken. Mit sechs Jahren beherrscht ein Kind die Grundzüge der Sprache. Es erweitert seinen Wortschatz über spezielle Interessen und verfeinert die Grammatik.

Tagesmutter als Sprachvorbild

Die Tagesmutter trägt als Sprachvorbild mit die Verantwortung für die Sprachentwicklung und Sprachförderung der ihr anvertrauten Kinder. In einem ersten Schritt kann sie ihr eigenes Sprachverhalten überprüfen und sich fragen:

- Macht mir Kommunikation Freude?
- Lasse ich den Kindern genügend Zeit, ihre Worte zu finden und auszusprechen?
- Spreche ich selbst in vollständigen, grammatikalisch richtigen Sätzen?
- Achte ich auf die Lautstärke meiner Stimme und darauf, die Kinder nicht zu übertönen?
- Ist meine Sprechweise natürlich und nicht belehrend?

Wie kann eine Tagesmutter die Sprache im Alltag fördern?

Babys teilen sich auf viele unterschiedliche Arten mit: Sie schreien, geben Laute wie Glucksen und Quietschen von sich und plappern. Mit aller Kraft versuchen sie zu vermitteln, was sie meinen. Eine Tagesmutter sollte sich vergegenwärtigen, wie notwendig ein Baby ein zugewandtes Gegenüber braucht.

In der Kommunikation mit unter Zweijährigen, aber auch mit Kindern im dritten Lebensjahr passiert viel ohne Worte, weil ihre sprachlichen Fähigkeiten noch nicht voll entwickelt sind. Das bedeutet jedoch nicht, dass eine Tagesmutter deshalb weniger sprechen sollte. Sie wird vielmehr versuchen, eine Sprache für die Kinder zu finden. Sie sind darauf angewiesen, dass die Erwachsenen ihre Absichten und Gefühle in Sprache bringen und ihnen Worte geben für das, was sie tun. Kleinkinder und auch Babys können viel verstehen, wenn die Erwachsenen, die mit ihnen sprechen, wirklich in Kontakt mit ihnen sind. Die Kraft der Sprache und innere Anteilnahme bilden Brücken zu den Kindern.

Die Basis jeder Sprachförderung sind gute zwischenmenschliche Beziehungen. Sind die Beziehungen zwischen Tagesmutter und Tageskindern und die Beziehungen der Kinder untereinander positiv, entsteht ganz von selbst Freude daran, sich den anderen mitzuteilen. In der Tagespflegefamilie gedeiht dann ein kommunikatives Klima. Die Tagesmutter kann darüber hinaus den Kindern vorleben, wie Sprache helfen kann sich zu verständigen und eine Situation zu bewältigen – gerade bei Interessenskonflikten und wenn es um starke Gefühle geht. Im Zusammenhang mit dem Sprechenlernen müssen Kinder auch lernen, mit anderen wirksam zu kommunizieren. Dazu gehört die Aufgabe, eine eigene Stimme zu entwickeln und sich Gehör zu verschaffen, sich verständlich zu machen und zu verstehen, zuzuhören und zu antworten.

Der Dialog, die abwechselnd geführte Rede, bildet das Grundmuster jeder Sprachförderung. Nicht die Erklärung von »falsch« oder »richtig«, sondern nur das Sprechen selbst fördert die Sprachentwicklung. Blickkontakt steht am Beginn eines Dialoges und hält ihn aufrecht. Dass Kinder sprechen, ist wichtiger als die korrekte Form. Bei sprachlichen Fehlern kann das Gesagte mit den richtigen Begriffen und mit korrekter Grammatik wiederholt werden. Die Äußerungen des Kindes werden einfühlsam angereichert und weitergeführt. So erkennt das Kind seine Aussage wieder und die Kommunikation bleibt lebendig. Wenn das Kind im Entwicklungsstadium der Einwortsätze »Auto« sagt, wird die Tagesmutter das Wort aufnehmen und zu einem Satz erweitern: »Ja, da fährt ein Auto.« Wenn die Grammatik noch nicht stimmt und ein Kind meint: »Mag die Auto«, kann der Satz zu einer Frage umgebaut werden: »Magst du lieber das rote oder das blaue Auto?«

Die nicht-sprachliche Kommunikation (Mimik, Gestik, Körpersprache) der Tagesmutter ist für Kinder eine große Hilfe, um Wörter und Sätze in ihrer Bedeutung zu entschlüsseln. Die Botschaft und die Körpersprache (z. B. der Gesichtsausdruck) müssen zusammenpassen. Auch »Aktives Zuhören« gehört zur Sprachkompetenz. Für die Zeit des Gesprächs sollte die Tagesmutter ganz bei dem Kind und seiner Gefühlswelt sein, ihm Zeit lassen, die Worte zu finden und so das deutliche Signal geben: »Ich nehme dich ernst und ich verstehe dich.« Dazu gehört auch, das Verstandene wiederum in Sprache zu kleiden und in eigenen Worten zu wiederholen. Offene Fragen ermutigen Kinder zum Dialog und zu Erzählungen. Sie lassen Platz und engen die Antwort nicht auf ein einfaches »Ja« oder »Nein« ein. Zum Beispiel die Frage: »Was hast du gemacht, als dir der Ball davongerollt ist?«, lässt Raum für echte Kommunikation. Das Motto: »Hole das Kind ab, wo es steht und sei ihm dann immer ein kleines Stück voraus« gilt auch für die Sprachförderung. Fragen und Antworten der Tagesmutter sollten immer ein wenig über das Können des Kindes hinausgehen. Deutliches Sprechen und klare Sätze helfen dem Kind. Kleine Kinder gehen kreativ mit Sprache um und kombinieren Wörter neu. Sie sind stolz auf ihre neu gelernten Wörter und auf ihre ersten Sätze. Die ersten Versuche der Kinder, sich mit Worten zu verständigen sind kostbar. Die Tagesmutter sollte versuchen, sie zu verstehen – auch wenn die Wortschöpfungen manchmal noch schwer verständlich sind.

Bei der Sprachförderung im weiteren Sinne spielen vielfältige Erfahrungen rund um eine so genannte Erzähl-, Reim-, Schrift- und Buchkultur – auch als »Literacy« bezeichnet – eine bedeutende Rolle. Diese Erfahrungen unterstützen nicht nur die Entwicklung von Sprachkompetenz. Sie sind prägend für die Fähigkeit zur sprachlichen Abstraktion, für die Lust am Lesen und dafür, sich schriftlich ausdrücken zu können. Auch hierzu ein Beispiel aus der DVD »Wach, neugierig und klug – Kinder unter 3« (s. S. 144) mit dem Titel »Ein Bilderbuch oder Theo führt einen Bildungsdialog«: Theo fordert in dieser Szene die Erzieherin seiner Wahl ohne Worte dazu auf, ein Bilderbuch mit ihm zusammen anzuschauen. Die Erwachsene begleitet das Betrachten der Bilder mit ihren Worten. Theo bestimmt ihr Handeln und lenkt das Geschehen mit seinem Zeigefinger. Er ist ganz auf den Inhalt des Buches konzentriert und lässt sich durch die lauten Spielgeräusche im Raum kaum ablenken. Theo hat sich selbst dieses Erlebnis – die Autorin Renate Niesel nennt es einen »Intensivkurs zum Spracherwerb« – verschafft. Er fühlt sich dadurch bestätigt, dass die Erzieherin auf seine Worte prompt und positiv reagiert.

Unter allen Kindern, die in Westdeutschland in öffentlicher Tagespflege betreut werden, ist laut Statistik bei knapp einem Fünftel mindestens ein Elternteil ausländischer Herkunft. Das Leben in der Tagespflegestelle sollte gerade bei einer mehrsprachigen Kindergruppe sprachbewusst gestaltet werden. Kinder lernen in den ersten vier Lebensjahren nicht ausschließlich Deutsch, Türkisch oder Englisch, sondern entwickeln sprachliche Fähigkeiten in unterschiedlichen Erfahrungsräumen. Kinder mit Migrationshintergrund sollten erleben, dass ihre Muttersprache willkommen ist und nicht abgewertet oder versteckt werden muss. In der sprachlichen und kulturellen Vielfalt einer Kindergruppe liegt die Chance, alle Kinder auf ein mehrsprachiges Leben vorzubereiten. Kleine Kinder nutzen ohnehin stärker auch die nichtsprachlichen Verständigungsmittel wie Mimik und Gestik und können sich leichter auch über unterschiedliche Sprachen hinweg verständigen. Im lebendigen Miteinander und mit Unterstützung der Tagesmutter wird es den Kindern leicht fallen, deutsch zu lernen.

Die Psycholinguistin Anna Winner berichtet, dass sie in ihrer Arbeit häufig auf Erwachsene trifft, die mit Kindern wie mit anderen Erwachsenen oder gar »wie mit einem Automaten« sprechen. Sie seien stets darauf bedacht, dass sich kein Kindwort und keine emotionale Betonung in ihre Sprechweise schleicht, haben Angst davor, sich auf die Äußerungsweisen der Kinder einzulassen und auf Augen- und Tonhöhe mit ihnen zu kommunizieren. Dies ist nach Ansicht von Winner falsch verstandene Sprachförderung. Sie betont, dass Sprache nicht nur ein technisches Medium zur Informationsübertragung ist und ermutigt

Erzieherinnen und Erzieher, wieder »mit Worten zu spielen, mit der Stimme zu feixen und mit Lauten zu jonglieren« (Winner 2007). Es gelte, den Reichtum der sprachlichen Fähigkeiten von Kleinkindern zu entdecken. Das soll nicht als Aufforderung zu Babysprache im Kindergartenalter oder zu anbiedernder Kindertümelei verstanden werden. Aber Sprache, Kommunikation und die Beziehung zu Menschen dürfen Spaß machen. Dafür sind in der Kindertagespflege mit einer überschaubaren Kindergruppe und der Möglichkeit, in intensiven Dialog zu gehen, beste Bedingungen gegeben (Weiß/Niesel 2007).

2.4 Der Alltag als Bildungsgelegenheit in der Tagespflege

Lernen in einer Tagespflegestelle ist in Teilen anders als in einer Tagesstätte organisiert. In der Tagespflege wird z. B. weniger projektförmig gearbeitet und auch die Dynamik der großen Gruppe ist nicht herzustellen. Dafür hat die Tagespflege andere Vorteile – zum Beispiel den eines ganz normalen gemeinsam gelebten Tagesablaufs, der nicht institutionell geprägt ist oder eigens arrangiert werden muss. Hier gibt es eine Fülle interessanter und anregender Ereignisse und Begegnungen für die Kinder: das gemeinsame Einkaufen, das Gespräch mit dem Nachbarn, das Kochen, Katzenfüttern, die Gartenarbeiten, die Fahrt mit der U-Bahn, der Spaziergang im Wald. Für Kinder sind bei all diesen Gelegenheiten »Welten« zu entdecken.

Im konkreten Tun die Welt erkunden – der Alltag als pädagogische Situation

In der Tagespflege werden gemeinsame Mahlzeiten eingenommen. Die Kinder können gut in die Vorbereitung einbezogen werden. Schon beim gemeinsamen Einkaufen machen sie die vielfältigsten Erfahrungen. Sie lernen die Lebensmittel kennen, ihre Farben, Formen, ihren Geruch und Geschmack in verschiedenen Verarbeitungszuständen, ihre Oberflächenstrukturen, ihre Eigenschaften und den Umgang mit ihnen. Die Kinder können beim gemeinsamen Kochen verfolgen, wie sich Lebensmittel durch Verarbeitung verändern. Und nach dem Kochen helfen sie den Tisch zu decken und nach dem Essen abzuräumen und abzuwischen, damit anschließend wieder ein Spiel oder eine andere Aktivität an diesem Platz stattfinden kann. Beim Tischdecken lassen sich Zahlen und Ordnungen feststellen: Jede und jeder bekommt einen Teller, einen Löffel, einen Becher. Die einzelnen Teile unterscheiden sich in Form, Material und Gewicht. Das Hin- und Hertragen von Geschirr und das Austeilen von Essen stellt eine Anforderung an die körperliche Geschicklichkeit der Kinder dar. Die Einsicht, dass jedes Kind Geschirr braucht und das selbstverständliche Sorgen dafür fördert die Entwicklung des Sozialverhaltens. Beim Abwischen des Tisches mit einem feuchten Tuch können die Eigenschaften von Wasser, die Gegensätze »nass-trocken« und »schmutzig-sauber« erlebt werden. Die Anerkennung für eine ernsthafte Leistung, die von der Tagesmutter als Hilfe gewürdigt wird, stärkt ganz nebenbei auch noch das Selbstwertgefühl (Gerszonowicz 2006).

Selbstverständlich und nebenbei werden alltägliche Handlungsabläufe und die Regeln des Zusammenlebens mit anderen gelernt und geübt. Die Kinder erfahren im konkreten Tun grundlegende Lebenszusammenhänge und ganz praktisch etwas über den Alltag. In jedem Handlungsablauf steckt eine Fülle von Lerninhalten. Die Tagesmutter muss nur den Blick dafür schärfen, wie vielfältig Bildungsprozesse im Alltag sein können. Im Gegensatz zur Erzieherin in einer Einrichtung hat sie im häuslichen Umfeld dafür ein reichhaltiges Übungsfeld mit Ernstheitscharakter zur Verfügung.

Eine Tagesmutter unterstützt ihre Tageskinder im Alltag am besten, indem sie für alle Tätigkeiten im Tagesablauf ausreichend viel Zeit einplant, die Kinder beteiligt, ihre Themen aufgreift, ihr Tun geduldig und interessiert begleitet, ihnen zuhört und mit ihnen über die gemeinsamen Erlebnisse spricht. Die Gestaltung von Alltag als pädagogische Situation erfordert neben Zeit auch Aufmerksamkeit und Geduld und verträgt keine Hektik.

Freies Spiel – konzentrierte Auseinandersetzung mit der Umwelt
Vielen Eltern gefällt, dass in der Tagespflege in aller Regel nicht so viele Aktivitäten stattfinden. Die Kinder haben die Möglichkeit zum freien Spiel – und das ist für das Lernen und die Entwicklung elementar wichtig. Ein großer Teil der kindlichen (Selbst-)Bildung findet beim Spielen statt. Aus der Sicht der Erwachsenen ist »Spiel« etwas Anderes als aus Sicht der Kinder. Kinder spielen mit großem Ernst. Es heißt auch: Spielen ist die »Arbeit« der Kinder. Wer feststellt: »Das Kind spielt schön«, beschreibt gleichzeitig, dass es sich konzentriert mit seiner Umwelt auseinandersetzt. Im Spiel zeigt ein Kind seine Art, sich auszudrücken. Kinder spielen z. B. Alltagseindrücke nach, ordnen sie in ihr Weltbild ein und denken sie im Spiel phantasievoll weiter. Spielen und Lernen sind keine Gegensätze, sondern zwei Seiten derselben Medaille. Was Kinder, die sich noch nicht (gut) mit Worten ausdrücken können, wirklich tun, wenn sie auf den ersten Blick »nur« spielen, davon beginnen wir gerade eine Ahnung zu entwickeln.

Tagesmütter als Forschungsassistentinnen
Schon die kleinsten Kinder stellen Theorien über physikalische Zusammenhänge auf und probieren aus, ob ihre Annahmen richtig sind oder wie die Dinge sonst zusammenhängen. Sie stellen Fragen, suchen Antworten, bilden Theorien auf der Basis ihrer Erfahrungen und erproben die Theorien im praktischen Tun. Die Kinder brauchen Gelegenheit, diese »Experimente«

durchzuführen, z. B. Gegenstände immer wieder fallen zu lassen, um herauszufinden, wie verschiedene Materialien klingen.

Für Kinder ist es zentral, selbst zu handeln. Von Anfang an wollen sie ihrem Entwicklungsstand angemessene Aufgaben selbst bewältigen. Beim genauen Hinsehen ist wahrnehmbar, was es für das Baby bedeutet, wenn es ihm erstmals gelingt, ein Spielzeug selbst zu greifen oder durch eine Bewegung des Fußes ein Mobile selbst in Schwingung zu versetzen. Wenn die Kinder größer sind, kann ihre Forderung »Ich!« oder »Selber!« leicht zu Konflikten führen, weil die Handlung aus der Erwachsenen-Perspektive nicht schnell genug geht oder nicht gut genug wird. Nur wenn ein Kind mit Erfolg »alleine machen« darf, kann es sich in seinem Innersten als fähig zum Handeln und als »selbstwirksam« erleben – ein zentrales Element für die Entwicklung der Persönlichkeit. Und wichtiger als ein Lob, das ihm andere spenden. Die Erfahrung macht dem Kind Lust, den nächsten Entwicklungsschritt zu tun.

Tagesmütter bieten in der Rolle der »Forschungsassistentin« nicht vorschnell Lösungen an, sondern greifen nur unterstützend ein, wenn das Kind alleine nicht mehr weiterkommt. Fehler sind eine wichtige Quelle der Erkenntnis. Wenn empfunden wird, dass etwas »so nicht stimmt« oder »so nicht funktioniert«, wenn neu probiert und dann doch eine Lösung gefunden wird, ist die Freude besonders groß und der Lerneffekt tiefgehend.

Manchmal ist es für Erwachsene schwer, die Handlungen von Kindern als Lernen zu erkennen. Vieles von dem, was Kinder tun, erscheint Erwachsenen alltäglich, unwichtig oder sogar sinnlos. Manchmal wird es auch als störend empfunden, weil es die Notwendigkeiten und die Routine beeinträchtigt. Ein alltägliches Beispiel: Das Kind wirft zum x-tenmal ein Spielzeug aus dem Buggy und erwartet mit Vergnügen, dass die Tagesmutter es aufhebt und ihm wieder gibt. Will es die Erwachsenen ärgern? Oder probiert es aus, ob das Ding immer nach unten fällt?

Stellt es gar Vorformen von Flugbahnberechnungen an? Je nachdem, wie die Tagesmutter die Situation wahrnimmt, wird sie auf dieses Experiment reagieren.

Tagesmütter sind sich ihrer eigenen Interessen, ihrer Stärken und Grenzen bewusst. Sie bemühen sich darum, dem Kind auf seine Fragen Antworten zu geben. Sie unterstützen seine Interessen, auch wenn es in diesem Moment vielleicht nicht die eigenen sind. Sie stehen dabei zu ihren »Lücken« und fragen sich gleichzeitig, wie das Kind seine Interessen verfolgen kann, wenn sie selbst als »Assistentin« nicht infrage kommen. So kann die Tagesmutter z. B. zusammen mit dem Kind in der Bücherei nach passenden Kinderbüchern suchen oder eine Musik-CD auswählen, wenn sich das Kind – sie selbst aber weniger – für Musik interessiert.

Systematisches Beobachten in der Tagespflege?
Ganz allgemein gilt es, Bewusstsein darüber zu erlangen, wie engagiert und aktiv Kinder sich mit ihrer Umwelt auseinandersetzen. Durch genaues Hinschauen und Beobachten kann eine Tagesmutter das Lernverhalten ihrer Tageskinder gut kennen lernen: Wann sind die Kinder ganz vertieft in eine Sache, so dass sie sich durch keine Einflüsse stören lassen? Wann sind sie mit Lust und Freude bei der Sache? Wann gehen sie an die Grenzen ihrer Möglichkeiten? Wann fühlen sie sich herausgefordert? Eine Tagesmutter muss die jeweiligen Interessen ihrer Kinder erkennen können, um sie zu fördern.

Zum Thema systematische Beobachtung gibt es eine Fülle von Veröffentlichungen, seit Erzieherinnen in Einrichtungen mit den Eltern regelmäßige Entwicklungsgespräche auf der Basis ihrer Beobachtungen führen sollen. Eine Vielzahl von Methoden und Instrumenten zur Dokumentation der Beobachtungen wird angeboten, zu den bekannteren zählen die »Bildungs- und Lerngeschichten« nach neuseeländischem Modell und die Portfolio-

Methode aus Reggio nell' Emilia. Für die Tagespflege fordert derzeit niemand, so formal wie in einer Kindertageseinrichtung zu dokumentieren. Die aufmerksame Wahrnehmung bleibt als Aufgabe bestehen. Beobachtung darf jedoch nicht kalt, bewertend, wissenschaftlich distanziert und mit Argusaugen stattfinden. Der Blick sollte vielmehr liebevoll warm, einfühlsam und wohlwollend sein. Die Fähigkeit und Bereitschaft, über die Handlungen der Kinder, ihre unkonventionellen Lösungswege, ihre Erfindungen und ihren Eigen-Sinn staunen zu können und sich davon anrühren zu lassen, stehen im Vordergrund.

Bildungspläne als Ideenfundus
Die Bildungspläne der Länder formulieren Anregungen für die Gestaltung des pädagogischen Alltags – allerdings nicht speziell für die Tagespflege. Die Aufmerksamkeit für die faszinierende Entwicklung von Kindern kann durch diese Anregungen wachsen. Zugleich sollte das Wissen nicht verloren gehen, dass jedes Kind auch einen eigenen inneren Bildungsplan hat, dem es aus eigener Initiative, freiwillig und voll Tatendrang folgt. Diesen von innen heraus motivierten Bildungsprozess permanent anzuschieben, ist nicht notwendig.

Mit den Lernprozessen auseinandersetzen
Kinder wollen und müssen das Tempo und den Rhythmus ihres Lernens selbst bestimmen. In Hinsicht auf die Entwicklungsgeschwindigkeit bestehen Unterschiede. Selbst wenn Kinder gleich alt sind, können sie unterschiedliche Lernbedürfnisse, Interessen und Fähigkeiten haben. Eine Tagesmutter weiß: Jedes Kind ist einmalig, es gibt verschiedene Entwicklungswege. Die pädagogische Kunst besteht darin, so gut in Kontakt mit jedem Kind zu sein, dass ihm zur rechten Zeit Herausforderungen, Zuneigung und gefühlte Unterstützung gegeben werden können. Jedes Tageskind braucht eine Bezugsperson, die sich darauf einlässt, gemeinsam mit ihm die Welt zu entdecken. Dafür sind Zeit, Geduld, Neugier, Freude und Einfachheit notwendig. Bildungspläne für die frühe Kindheit leben davon, dass sich die Erwachsenen mit den Lernprozessen von Kindern

auseinandersetzen. Sie können ganz pragmatisch als Ideenfundus genutzt werden.

Wenn die Grundbefindlichkeit eines Kindes gut ist und seine wichtigsten Bedürfnisse befriedigt sind, kann sein internes Bildungsprogramm sich erfüllen. Kindern Angebote aufzudrängen, die sie nicht interessieren, macht ebenso wenig Sinn wie eine übermäßige pädagogische Aufladung des Alltags. Bei der Frage der Anregung durch Materialien kann auch auf alltägliche Gegenstände zurückgegriffen werden. Kinder finden oft gerade Alltagsdinge besonders interessant (s. hierzu S. 85 f.).

Viel ist gewonnen, wenn Tagesmütter Alltagssituationen unter dem Blickwinkel der innewohnenden Bildungsprozesse bewusst wahrnehmen und die Bedeutung von alltäglichen Prozessen wertschätzen können. Der Bildungsauftrag kann nicht abgearbeitet werden, indem den Kindern ein bestimmtes Material gegeben oder in jeder Situation ein Standard-Verfahren angewandt wird. Die Kunst liegt wie immer darin, das rechte Maß zwischen Sein-Lassen und Anregung-Bieten zu finden. Der Blick erfolgt immer »vom Kind aus«: Was braucht das Kind jetzt?

Die Arbeit mit Kindern unter drei Jahren ist anspruchsvoll und oft auch anstrengend. Sie verlangt große Wachheit und Aufmerksamkeit. Sie bedarf einerseits einer sorgfältigen Planung und andererseits einer spontanen, feinfühligen Reaktion. Aber die Momente, in denen die Kraft der ersten Lebensmonate und -jahre und in ihnen das pure Menschsein zu spüren sind, machen die Arbeit faszinierend. Es ist eine pädagogische Kunst, diese Augenblicke in der Routine des Alltags zu entdecken und dafür zu sorgen, dass sie geschehen können.

3

Praxiswissen für die Zusammenarbeit mit den Eltern

Die Betreuung eines Tageskindes ist an die enge Zusammenarbeit mit dessen Eltern gebunden. Diese Tatsache ist auch gesetzlich verankert und mit der Erlaubnis für die Tätigkeit verknüpft: »Die Erlaubnis wird erteilt, wenn die Person für die Kindertagespflege geeignet ist. Geeignet ... sind Personen, die sich durch ihre Persönlichkeit, Sachkompetenz und Kooperationsbereitschaft mit Erziehungsberechtigten ... auszeichnen« (§ 43 SGB VIII). Mit den Erziehungsberechtigten trifft eine Tagesmutter nicht nur Vereinbarungen zu organisatorischen und finanziellen Belangen. Zwischen den Beteiligten muss auch eine grundsätzliche Verständigung über Erziehungsvorstellungen und -fragen stattfinden. Die Zusammenarbeit zwischen Tagesmutter und Eltern ist bei der Kindertagespflege viel unmittelbarer als im Rahmen der Kindertagesstätten. Die Begegnung der Erwachsenen findet wie die Erziehung des Kindes im privaten, häuslichen und familiären Umfeld der Tagesmutter, oder – im Fall der Kinderfrau – im Haushalt der Eltern statt. Bei der Tagespflege wird deshalb seit langem ausdrücklich von »Erziehungspartnerschaft« gesprochen.

»Ähnliche Ansichten über Kindererziehung« sind für einen Teil der Eltern Anlass, sich für eine bestimmte Tagespflegestelle zu entscheiden und große Zufriedenheit mit der Betreuungssituation zu entwickeln. Das belegen die Antworten zahlreicher Mütter, die zu den Qualitäten ihrer Tagesmutter in der Münchner Studie befragt wurden (Weiß 2006). Unterschiedliches Erziehungshandeln dagegen wirft für viele Eltern Konflikte auf. Nach landläufiger Vorstellung will Erziehung Kinder bewusst formen und beeinflussen, will sie quasi »in die richtige Richtung ziehen«. Erziehung ist mit Weltanschauung, Normen und Werten verknüpft. Bei Erziehung schwingt viel von der eigenen Geschichte mit. Und nicht zuletzt werden Mütter gesellschaftlich auch am Erfolg ihrer »erzieherischen Leistung« gemessen. Erziehung ist deshalb ein sensibles Thema.

Im Dickicht von Erziehungsstilen und -verantwortung, Verwöhnung, Strafen und Grenzen finden sich immer mehr Eltern nicht zurecht. Soziale Notlagen von Menschen in unserer Gesellschaft verschärfen sich, Druck und Konfliktpotenzial steigen. Die bürgerliche Kleinfamilie scheint als langfristiges Lebensmodell trotz gegenteiliger Sehnsüchte für immer weniger Menschen lebbar. Familienformen und Beziehungsstrukturen in Familien verändern sich. Die Aufgabe der Erziehung macht vor diesem Hintergrund viele Eltern hilflos. Das ist unter anderem auch daran zu sehen, dass Elternratgeber in Buchform großen Absatz finden und TV-Formate zur Erziehung, wie Super-Nanny & Co., hohe Einschaltquoten erzielen. Im Kinder- und Jugendhilfesystem steigt die Nachfrage nach Erziehungsberatung und

Elternbildung. Gerade jüngeren Müttern ist die Erfahrung und Unterstützung durch eine ältere, »professionelle« Mutter – die Tagesmutter – oft wertvoll.

Eltern aus der Münchner Studie berichten: »Das Tolle an der Tagesmutter ist: Es gibt jemanden, der uns hilft und unsere Erziehungspflicht mit uns teilt. Ich stehe nicht auf verlorenem Posten. Ich allein mit meiner Tochter, das ist für mich der totale Horror. Ich bin total froh, dass es da noch jemanden gibt, der auch was vorgibt und bereit ist, Verantwortung zu übernehmen und sie auch erzieht. Das ist für mich das Tolle, dass ich nicht allein bin mit diesem Erziehungsauftrag.« »Sie ist einfach auch eine große Mama für die Kinder und wir merken auch, dass es beiden Kindern sehr gut tut, wenn da so eine andere Erziehung parallel läuft.« (Weiß 2006)

Eine langjährig tätige Tagesmutter hat nicht nur Erziehungserfahrung, sondern beschäftigt sich auch im Rahmen der Weiterbildung und der fachlichen Begleitung mit Erziehung. Sie lernt, ihr eigenes Handeln zu reflektieren. Sie weiß, dass bei Erziehung wie bei Bildung das In-Beziehung-Sein mit den Kindern und ein gutes Maß an Bodenständigkeit wichtige Grundlagen für den Erfolg sind. Die Tagesmutter kann so für die Mutter zur bedeutenden Ansprechpartnerin bei der Frage werden, ob sie bei der Erziehung alles richtig macht. Gespräche zwischen Mutter und Tagesmutter bekommen dann schnell den Charakter einer Beratung.

Drei Viertel der Tagesmütter, die an der Münchner Studie teilgenommen haben, wurden häufig oder sogar sehr häufig von den Eltern um Rat in Erziehungsfragen gebeten. »Es findet ein permanenter Austausch über die Erziehung meines Sohnes statt«, beschreibt eine Mutter in der Untersuchung die Beziehung zu ihrer Tagesmutter. Darüber hinaus hatte sich ein Zehntel der befragten Münchner Mütter mehr Austausch über Erziehungsfragen und bessere Kommunikation gewünscht (Weiß

2006). »Kommunikation mit den Eltern« ist nicht von ungefähr als Fortbildungsbedarf von Tagesmüttern ein Dauerbrenner. Wenn Tagesmütter in der Funktion von Erziehungsbegleiterinnen überbeansprucht und zu hohe Erwartungen in die Beziehung gesetzt werden, sind Spannungen vorprogrammiert. Dies ist jedoch nur ein Grund, warum die Zusammenarbeit zwischen Eltern und Tagesmüttern kompliziert werden kann. Um den Kontext der Beziehung zwischen Betreuungspersonen und Herkunftsfamilie auszuleuchten, ist die Frage hilfreich: Mit welchem Blick sehen die Eltern auf die Tagespflege?

3.1 Die Sicht der Eltern auf die Tagespflege

Zwei Grundaufgaben der Tagespflege im Hinblick auf Eltern und Familie
Laut Kinder- und Jugendhilfegesetz § 22 SGB VIII sollen Tageseinrichtungen für Kinder und Kindertagespflege im Hinblick auf Eltern und Familie zwei Aufgaben erfüllen:
1. Sie sollen die Erziehung und Bildung in der Familie unterstützen und ergänzen.
2. Tageseinrichtungen und Tagespflege sollen den Eltern dabei helfen, Erwerbstätigkeit und Kindererziehung besser miteinander zu vereinbaren.

Diese Aufgaben der Kindertagesbetreuung können bisher nur bedingt erfüllt werden, denn im Westen der Republik klafft eine erhebliche Bedarfslücke bei den Betreuungsplätzen – trotz Rechtsanspruch auf einen Kindergartenplatz und zahlenmäßiger Bedarfsdeckung mit Plätzen für Kinder über drei Jahren. Doch es fehlen Ganztagsplätze mit Mittagsversorgung. Und für die unter Dreijährigen, die vom Rechtsanspruch bisher überhaupt nicht berührt werden, ist das Platzangebot in Tageseinrichtungen im Westen bisher kaum nennenswert.

Zeitlich variable Betreuungsmöglichkeiten

Die Kriterien für die Inanspruchnahme eines Platzes für Kinder unter drei Jahren sind in § 24 SGB VIII exakt gefasst: Im Wesentlichen handelt es sich um Ausbildung und (angestrebte) Berufstätigkeit der Eltern. Die zunehmende Flexibilisierung des Arbeitslebens erzeugt Nachfrage nach zeitlich variableren Betreuungsmöglichkeiten. Speziell in Westdeutschland decken die Öffnungszeiten der Einrichtungen jedoch die Arbeitszeiten der Eltern häufig nicht oder nur ungenügend ab. Die Folge sind Zeitlücken, die neben der Mittagszeit auch die frühen Morgenstunden, die Abendstunden und zum Teil auch das Wochenende betreffen.

Hier kommt nun die Tagespflege ins Spiel: Gut drei Viertel der in Deutschland bei einer Tagesmutter betreuten drei- bis sechsjährigen Kinder besuchen gleichzeitig eine Tageseinrichtung. Für sie ist die Tagespflege eine Ergänzung zur Tagesstätte. Die Alltagsrealität vieler berufstätiger Mütter in Deutschland – und es sind noch immer die Mütter, die vorwiegend für die Kinder zuständig sind – sieht so aus: Sie müssen einen komplizierten und stressigen Betreuungsmix in individueller Verantwortung gestalten und die öffentliche Betreuung – falls überhaupt vorhanden – kombinieren mit eigener Fürsorge und anderweitiger privat organisierter Betreuung. Diese Organisation stellt oft eine logistische Herausforderung dar: Kita, Oma, Nachbarin, Partner, bezahlte Helferinnen wie Au-Pairs und Babysitter müssen unter einen Hut gebracht werden. Damit der Alltag irgendwie funktioniert, müssen Wege zeitsparend überwunden, genaue Absprachen getroffen und komplizierte Zeitbrücken geschlagen werden. Falls eine Familie es sich irgendwie leisten kann, wird Entlastung durch die Tagespflege gern in Anspruch genommen.

Das Angebot Kindertagespflege entspricht aus Sicht der Eltern dabei keineswegs immer ihrer ersten Wahl. Untersuchungen belegen, dass viele Eltern – selbst wenn sie letztlich mit der Betreuung in Tagespflege sehr zufrieden sind – bei freier Wahl und einem verfügbaren Platz ihr Kind lieber in eine Einrichtung gegeben hätten. Je älter die Kinder sind, desto mehr bevorzugen Eltern die Betreuung in einer Tagesstätte, weil sie davon ausgehen, dass dort eine bessere Vorbereitung auf die Schule stattfindet. Eltern mit Migrationshintergrund entscheiden sich ganz überwiegend für die Einrichtungen.

Ein Grund, warum viele Eltern zu Einrichtungen tendieren, ist die Tatsache, dass im bisherigen System der Kindertagespflege in Deutschland die Verantwortung für die Auswahl der Tagesmutter vorwiegend ihnen überlassen wurde. Eltern können die Eignung der Tagespflegepersonen und der räumlichen Gegebenheiten jedoch nur bedingt einschätzen. Weil die Betreuungsform in der Vergangenheit auf die Fläche hin gesehen auch wenig fachlich gesichert war, kennen viele Eltern Beispiele von missglückten Tagespflegeverhältnissen und haben entsprechende Vorbehalte. Und auch wenn eine Tagesmutter auf ihre Eignung hin überprüft ist und ihr die Erlaubnis zur Betreuung erteilt wird, bleibt in der Tagespflege mehr Restverantwortung bei den Eltern als in einer Tagesstätte. Und viele fühlen sich mit dieser Situation überfordert.

Kostenaspekte

Auch das Kostenargument ist ein zentraler Grund, warum Eltern von der Tagespflege Abstand nehmen, obwohl sie sonst vielleicht Vorteile darin sehen. Die Gebühren für Kindertagesbetreuung im Allgemeinen beurteilen neun von zehn Familien in Deutschland als zu hoch. Tagespflege ist aus der Perspektive von Eltern eine Betreuungsform, die eine Familie sich wirklich leisten können muss: Selbst bei einer öffentlichen Zufinanzierung entstehen Eltern für die Tagespflege deutlich höhere Kosten als für einen Platz in einer Tagesstätte. Dies, obwohl nach der Neuregelung durch das KICK Tageseinrichtungen und Kindertagespflege gleich behandelt werden sollen (§ 90 SGB VIII). Die unterschiedliche finanzielle Belastung der Eltern durch die Betreuungsform ist bis dato nicht beseitigt, die öffentlich übernommene Verantwortung ist bei der Tagespflege erheblich geringer. Also geben überwiegend besser verdienende Mütter und Väter ihre Kinder zu einer Tagesmutter.

Eltern berichten: »Die Kosten sind sehr hoch. Bei einer Teilzeitbeschäftigung rentiert sich das Arbeiten fast nicht.« »Ich arbeite im Grunde, um das Kind unterbringen zu können und leiste mir so den Luxus der ›Selbstverwirklichung‹. Wenn ich von Sozialhilfe leben würde, bliebe mehr übrig, aber ich will meinem Kind auch nicht ein solches Vorbild abgeben. Bei zwei oder mehr Kindern wäre das aber nicht mehr leistbar.« »Bei uns ist es schon sehr viel Geld, was da im Monat weggeht, und seitdem jetzt einer in Tagespflege ist und einer im Kindergarten, ist es einfach wahnsinnig viel. Da bleibt dann nur die Überlegung: Macht das überhaupt Sinn, dass beide arbeiten gehen oder bleibt einer lieber daheim? Aber das würde bedeuten, dass dann beide Kinder daheim bleiben müssen und das kann's dann wohl auch nicht sein, weil Kinder ja auch unter ihresgleichen kommen müssen.« »Ich bin selbstständig, ich gebe auch meinen ganzen Verdienst hin für die Betreuung, und ich mache das nur, um das Geschäft aufrecht zu erhalten.« »Als Zwillingsmutter zahle ich alles doppelt und gebe mein Gehalt eins zu eins weiter. Letztes Jahr blieben mir im Monat 20 Euro übrig, das war dann mein Fahrtgeld. Einen Geschwisterrabatt gibt es nicht. Uns geht es finanziell noch ganz gut, aber viele Zwillingsmütter können sich das gar nicht leisten. Das ist schon ein Hammer sagen zu müssen: Ich kann mir nicht leisten, arbeiten zu gehen. Das ist eine Investition, die Frauen da erbringen, um ihren Arbeitsplatz zu sichern nach der Elternzeit. Das ist bitter.« »In meiner Brust schlagen zwei Herzen: Ich finde auf der einen Seite die Tagespflege völlig unterbezahlt. Wenn ich überlege, was eine Putzfrau bekommt und eine Tagesmutter, das sind Welten. Die Verantwortungen sind ja doch sehr unterschiedlich. Auf der anderen Seite: Beim Bezahlen tut mir das schon ganz gewaltig weh.« (Münchner Studie, Weiß 2006)

Familienähnlichkeit und Familiennähe der Tagespflege
Aus der Perspektive von Eltern hat die Tagespflege aber auch deutliche Vorteile. Anders als in Kindertagesstätten besteht hier die Möglichkeit, Betreuungszeiten individuell mit den Tagespflegepersonen abzustimmen. Viele Mütter empfinden die Tagespflege als geschützten Raum für ihre Kinder und schätzen in der Tagesmutter die gleichbleibende Bezugsperson, die sie ohne Schichtwechsel während ihrer Abwesenheit vertreten kann. Die Betreuungssituation in kleinen überschaubaren Gruppen kann darüber hinaus gewährleisten, dass die einzelnen Kinder mehr Aufmerksamkeit bekommen, als es bei den Personalschlüsseln in Kindertageseinrichtungen möglich ist. Gerade für ihre kleinen Kinder bevorzugen Eltern in Westdeutschland deshalb oft die Tagespflege.

Familienähnlichkeit und Familiennähe gelten vielen Eltern als Extra-Bonus. Insbesondere alleinerziehende Mütter sehen in der Tagespflege die Chance, ihrem Kind ein Stück »echte« Familie zu ermöglichen. Für Einzelkinder können die Kinder der Tagesmutter oder die anderen Tageskinder soziale Geschwister werden: »Meine Tagesmutter hat einen gleichaltrigen Sohn und meine Tochter fühlt sich bei ihr wie in einer Familie. Sonst sind nur wir zwei zu Hause und es gefällt ihr, dass sie dort alles zusammen unternehmen. Und sie sagt: ›Sammy ist mein Bruder.‹ Das füllt eine Lücke in unserem Leben.« »Meine Tochter war dort wirklich immer eingebunden in alles, was die Familie der Tagesmutter gemacht hat. Sie war immer überall dabei und ist dort wirklich ein kleines Familienmitglied geworden. Wir besuchen sie auch heute immer noch.« (Münchner Studie, Weiß 2006)

Die Sicht der Eltern auf die Tagespflege

Ein Tageskind wird mehr oder weniger intensiv in ein zusätzliches familiäres Gefüge und in einen zweiten emotionalen Beziehungszusammenhang einbezogen. Dort wird unter Umständen ein anderer Erziehungsstil praktiziert, besteht eine andere Rollenaufteilung, wird Familie anders definiert, eine andere Religion gelebt und sind Regeln einer anderen gesellschaftlichen Schicht gültig. Daraus ergeben sich auch hohe Anforderungen an die Anpassungs- und Kooperationsfähigkeit aller Beteiligten. Wenn beide Seiten das wollen, können Eltern und Tagesmutter ihre Erziehungspartnerschaft sehr viel persönlicher ausgestalten als in einer institutionellen Betreuungssituation. Auf die Frage, was sie an ihrer Beziehung zueinander gut finden, sagen Mütter und Tagesmütter: »Ich schätze die langjährige freundschaftliche Arbeitsbeziehung zu unserer Tagesfrau.« »Ich freue mich über die Nähe und den intensiven Kontakt mit den Familien der Tageskinder über die Betreuungszeit hinaus.« »Ich verstehe mich sehr gut mit der Mutter.« »Mir gefallen die schönen Ausflüge auch mit den Eltern.« »Ich bin froh über die gute Zusammenarbeit mit den Eltern.« »Vertrauen zwischen Eltern und Tageseltern ist sehr viel wert.« »Die Dankbarkeit der Eltern, ihr Lob und ihre Anerkennung bedeuten mir viel.« (Münchner Studie, Weiß 2006)

Damit dem Kind tägliche »Kulturschocks« erspart werden, müssen Eltern und Tageseltern sicher auch intensiver zusammenarbeiten als in einer Einrichtung. Sie müssen bereit sein, Gegensätze zu überwinden und Kompromisse auszuhandeln. Da familiale Fürsorgearbeit nach wie vor ganz überwiegend Frauen zugeschrieben wird, sind sie es in erster Linie, die das gute Zusammenspiel bewerkstelligen bzw. Konflikte untereinander austragen.

3.2 Mütter als Expertinnen ihrer Kinder wahrnehmen – die Voraussetzung einer guten Beziehung

Die Beziehung Eltern–Tagesmutter konzentriert sich im Kern wohl meist auf die Begegnung zwischen Mutter und Tagesmutter. Hier treffen zwei Mütter mit unterschiedlichen Lebensentwürfen aufeinander: Die Tagesmutter bleibt bei ihren Kindern und bietet in ihrem Haushalt Tagespflege an. Die Mutter des Tageskindes kehrt – zumindest in Teilzeit – in den Beruf zurück. Beide haben eine Entscheidung getroffen, wie sie mit dem gesellschaftlichen Problem der Vereinbarkeit von Beruf und Familie umgehen. Diese Entscheidung ist nicht immer auf freiwilliger Basis entstanden und jeder Weg beinhaltet in bestimmten Bereichen Verzicht.

Verhältnis zwischen Mutter und Tagesmutter
Konkurrenz zwischen Mutter und Tagesmutter gehört neben Konflikten aufgrund von Statusunterschieden zwischen Eltern und Tagespflegefamilie und unterschiedlichen Lebensweisen, Wert- und Erziehungsvorstellungen sowie Zahlungsverzug und unpünktlichem Abholen zu den Themen im Beziehungssystem Tagespflege, die bei den Fachdiensten immer wieder zur Bearbeitung angefragt werden. Ein Klassiker: Die eine Mutter beneidet die andere um das, auf was sie selbst verzichtet. Im schlimmsten Fall entbrennt ein Wettbewerb darum, wer die bessere Mutter für das Kind ist. Am meisten schadet diese Konstellation dem Kind, denn es muss die Spannungen zwischen seinen Bindungspersonen aushalten. Mütter befürchten auch, dass sich das Kind ihnen entfremdet, wenn es regelmäßig den ganzen Tag bei der Tagesmutter verbringt. Doch ist diese Angst unbegründet, denn die Bindung zur Mutter hat immer eine besondere Qualität (s. hierzu Kapitel 2.2). Die Tagesmutter weiß, dass sie eine bedeutende Person im Leben des Kindes ist, aber keine »Ersatzmutter«.

In der Tagespflege spitzt sich die zweischneidige gesellschaftliche Bewertung von Mutterschaft zu: Die berufstätige Mutter wird immer noch häufig als »Rabenmutter« angesehen, der »Berufs-Mutter« wird wegen angeblicher Anspruchslosigkeit ihrer Tätigkeit die Anerkennung ebenfalls versagt. Für diese widersprüchlichen gesellschaftlichen Botschaften gibt es keine »richtige« Lösung. Tagesmutter und Mutter sollten sich diese Faktenlage bewusst machen, sonst geraten sie in Gefahr die gesellschaftliche Abwertung, die jede dieser weiblichen Rollen erfährt, untereinander auszutragen.

Professionelle Rollenklärung
Eine professionelle Rollenklärung beinhaltet die Beantwortung der Fragen:
- Wie stehe ich als Tagesmutter zur Berufstätigkeit einer anderen Mutter?
- Missbillige ich ihre Entscheidung für den Beruf mit einem kleinen Kind?
- Kann ich ihre Wahl anerkennen, auch wenn ich selbst für mich anders entschieden habe?

Im Hinblick auf Respekt und Wertschätzung gegenüber der Mutter bzw. den Eltern des Kindes ist maßgeblich, inwieweit eine Tagesmutter sie als Fachleute in Fragen ihres Kindes, seines Alltags und seiner Erziehung anerkennen kann – auch wenn sie nicht jedes Verhalten von ihnen gutheißen muss. Respekt als Grundhaltung sowie Achtsamkeit, Wohlwollen, Aufrichtigkeit, Vertrauen und Verbindlichkeit wird eine Tagesmutter brauchen, um eine gelingende Kooperation mit den Eltern aufzubauen. Diese Eigenschaften wollen im Alltag gelebt und im Konfliktfall erprobt sein. In den Tageseinrichtungen wurde in diesem Zusammenhang der früher übliche Begriff der »Elternarbeit« aufgegeben, weil in ihm ein hierarchisches Verhältnis mitschwingt: hier die kundigen Fachkräfte – dort die unqualifizierten, unterstützungsbedürftigen und mit zu erziehenden Eltern. Die Konzepte »Zusammenarbeit mit den Eltern« bzw. »Erziehungspartnerschaft« versuchen nun, eine bessere Verwirklichung der notwendigen Haltungen und Prozesse auch nach außen sichtbar zu machen.

Perspektivenwechsel – in die Eltern hineinversetzen

Förderlich für die Beziehung wirkt sich aus, wenn immer wieder einmal ein Perspektivenwechsel vollzogen wird und die Tagesmutter sich in die Eltern hineinversetzt. Das hilft, um Verständnis für deren Situation und Sichtweise zu entwickeln. Entscheidend ist, ob ein konstruktiver und verbindlicher Umgang auch in schwierigen Situationen beibehalten werden kann. Tagesmütter können ihre Handlungsspielräume im Rahmen der Qualifizierung, der Weiterbildung, der fachlichen Begleitung und fachlicher Netzwerke erweitern (s. hierzu S. 42 f.). Die Strukturqualität von Fachdiensten für Tagespflege ist deshalb auch ein wichtiges Gütekriterium für die Zusammenarbeit von Tagesmutter und Eltern (vgl. dazu auch Weiß/Stempinski/Keimeleder/Schumann 2007).

3.3 Das Beziehungssystem Tagespflege braucht besondere Sorgfalt

Von Beginn eines Tagespflegeverhältnisses an kann die Tagesmutter Vorkehrungen treffen, um mögliche Konfliktrisiken gering zu halten. Konflikte können im ungünstigen Fall zu einem Abbruch des Betreuungsverhältnisses führen. Wenn Betreuungsverhältnisse scheitern, liegt dies überwiegend nicht daran, dass die Tagesmutter mit einem Tageskind nicht zurechtkommt, sondern, dass sie sich mit dessen Eltern in wesentlichen Punkten nicht einigen und nicht mehr verständigen kann.

Die Stabilität des Betreuungsverhältnisses im Zentrum der Zusammenarbeit

Abrupte und häufige Wechsel von Bindungspersonen sind für die Entwicklung eines Kindes belastend. Wenn kleine Kinder »zwischen die Fronten« von Eltern und Betreuungspersonen geraten, sind sie nicht frei für ihre enormen altersspezifischen Bildungs- und Lernaufgaben. Kleine Kinder orientieren sich stark an den bewusst oder unbewusst vermittelten Botschaften ihrer Bezugspersonen. Senden Mutter und Tagesmutter Signale mit dem Inhalt: »Du musst dir keine Sorgen machen«, kann das Kind eine innere Balance herstellen. Spürt ein Tageskind dagegen, dass die Tagesmutter seine Eltern ablehnt oder umgekehrt, kann es diesen Konflikt schwer verarbeiten. Da es seinen Eltern gegenüber immer loyal, aber auch an die Tagesmutter emotional gebunden ist und diese ebenfalls wichtige Beziehung nicht gefährden kann, gerät es leicht in einen Loyalitätskonflikt. Beim Abbruch des Tagespflegeverhältnisses wird das Kind aus seinem vertrauten Alltag gerissen – aus familiären und geschwisterähnlichen Beziehungen. Es kann nicht oder nur sehr bedingt erfassen, warum dies mit ihm geschieht. Das Wohlergehen des Kindes und damit die Stabilität eines Betreuungsverhältnisses stehen immer im Zentrum der Zusammenarbeit.

Konflikten vorbeugen: Betreuungsvertrag und fachliche Beratung

Konflikten und Abbrüchen kann mit verschiedenen Maßnahmen vorgebeugt werden: Als erste Sicherungsstufe ganz am Anfang des Betreuungsverhältnisses steht die Passung von Herkunfts- und Tagespflegefamilie. Dieser Prozess wird möglichst bereits bei der Vermittlung durch eine Fachkraft unterstützt, die beide Familiensysteme kennt und beurteilen kann, ob der Aufbau einer guten Kooperationsbeziehung aussichtsreich ist (s. hierzu S. 55 f.). Wichtig ist auch eine gute Vorbereitung des sensiblen Erstkontakts, bei dem beide Parteien auf dem schmalen Grat zwischen Vertrauen und Misstrauen balancieren.

In einem nächsten Schritt wird der Abschluss eines privatrechtlichen schriftlichen Betreuungsvertrags zwischen Tagesmutter und Eltern empfohlen, um klare Vereinbarungen festzuhalten und das Konfliktrisiko zu minimieren.

Schriftlicher Betreuungsvertrag zwischen Tagesmutter und Eltern
Der Deutsche Verein für öffentliche und private Fürsorge e.V. empfiehlt die Regelung folgender Punkte:
- Beginn und zeitlicher Umfang der Tagespflege
- Ort der Betreuung
- Honorar/Vergütung
- Urlaub der Tagespflegeperson, Verhinderung und Vertretung
- Regelung der Verlässlichkeit und Flexibilität der Kindertagespflege
- Verhalten bei Unfällen, Erkrankungen, Arztbesuchen des Kindes
- Bekleidung und Ernährung des Kindes
- Besondere gesundheitliche Aspekte beim Kind
- Schweigepflicht der Tagespflegeperson und der Erziehungsberechtigten
- Kündigung des Betreuungsvertrags
- Unfall- und Haftpflichtversicherung
- Berücksichtigung der Rechte und Wünsche des Kindes
- Verpflichtung zur partnerschaftlichen Zusammenarbeit von Tagespflegeperson und Erziehungsberechtigten.

Musterverträge können beim Bundesverband für Kindertagespflege e.V. (s. S. 144) bezogen werden und liegen in vielen Kommunen ausgearbeitet vor. Der Abschluss von Betreuungsverträgen ist mittlerweile sehr verbreitet. In der Münchner Befragung gaben mehr als drei Viertel der Tagesmütter an, mit den Eltern aller ihrer Tageskinder einen Betreuungsvertrag geschlossen zu haben (Münchner Studie, Weiß 2006).

Auf einer dritten Stufe kann fachliche Beratung helfen, Konflikten vorzubeugen bzw. im bereits eingetretenen Konfliktfall zu deeskalieren und den Schaden zu begrenzen. Eltern wie Betreuungspersonen haben in allen Fragen der Tagespflege einen

Rechtsanspruch auf Unterstützung (§ 23 SGB VIII). Diese Beratungsleistung kann vom Jugendamt oder von einem freien Träger der Jugendhilfe im Rahmen der fachlichen Begleitung der Betreuungsform erbracht werden. Jede Tagesmutter sollte eine Fachberatung ihres Vertrauens kennen, an die sie sich im Falle eines Konfliktes wenden kann. Mit ihr gemeinsam kann sie dann die Konfliktgeschichte analysieren, sich auf neue Perspektiven einlassen, Strategien planen und gegebenenfalls eine Gesprächsmoderation einleiten (Limbach-Perl in: ZeT 1/2007).

3.4 Gespräche und Kooperation mit den Eltern – die kommunikative Kompetenz der Tagesmutter

Eltern berichten: »Mir ist wertvoll, dass man über alles reden kann, die Tagesmutter hat immer ein offenes Ohr.« »Meine Tagesmutter erzählt mir jedes Mal, was mein Sohn gemacht hat und wie es war. Ich erzähl' ihr auch, was es bei uns Neues gibt. Aber ich hab' das Gefühl, ich bin auch tagsüber mit dabei, weil sie wirklich so viel und so individuell erzählt.« »Bei uns ist das sehr familiär, die Dinge sind aber klar geregelt. Sie macht das schon seit 16 Jahren, sie hat schon viele Kinder kommen und gehen sehen. Es ist einerseits sehr professionell, aber andererseits auch sehr familiär.« (Münchner Studie, Weiß 2006)

Gespräche mit Eltern – regelmäßiger gegenseitiger Austausch

Im Alltag der Tagespflege ist ein regelmäßiger gegenseitiger Austausch von Informationen wichtig: Was hat die Tagesgruppe heute beim Spaziergang im Wald erlebt? Hat Paula sich heute zum ersten Mal alleine aufgesetzt? Hat Tim das Gemüse gegessen, das er sonst nicht mag? Leonie und Max – haben sie sich heute besser miteinander vertragen? Hat Simon nachts zu Hause wieder so viel gehustet? Wann fährt die Familie von Marie in den

Urlaub? Miteinander Sprechen hilft, die unterschiedlichen Informationsstände zu überbrücken. Sich auch über Kleinigkeiten des Erziehungsalltags auszutauschen ist eine zentrale Grundlage für Kontakt und gute Kooperation und macht alle Beteiligten zufrieden. Manche Mütter befürchten, wichtige Entwicklungsschritte bei ihrem Kind zu verpassen; für sie sind Erzählungen über »Ersterlebnisse« mit dem Kind besonders wichtig.

Gespräche mit Müttern oder Vätern können nicht ausschließlich in der Bring- und Abholsituation zwischen Tür und Angel stattfinden. Ankommen und Weggehen bieten zwar regelmäßige Kommunikations- und Begegnungsanlässe. Doch manche Themen brauchen einfach mehr Zeit. Eltern wollen mit den Tagesmüttern oft nicht nur über die wichtigsten Tagesereignisse, sondern auch über Alltagsprobleme sprechen. Sie suchen den Austausch, den sie vielleicht mit einem Partner nicht haben. Außerdem – ganz wichtig – können nicht alle Gespräche in Anwesenheit der Kinder geführt werden.

Tagesmütter haben für den Gesprächsbedarf von Eltern unterschiedliche Lösungen gefunden: Manche vereinbaren individuelle Gesprächstermine, manche telefonieren am Abend. Ausgebildete Erzieherinnen bringen ein professionalisiertes Selbstverständnis von der Zusammenarbeit mit Eltern in die Tagespflege mit und bieten auch dort zum Teil Elternabende an. In Analogie zu den Tageseinrichtungen wird auch in der Tagespflege neuerdings über regelmäßige Entwicklungsgespräche mit den Eltern nachgedacht. In den Bildungsplänen für die frühe Kindheit wird die systematische Beobachtung der kindlichen Entwicklungsprozesse als erforderlich beschrieben. Sie könnte Basis für solche Entwicklungsgespräche sein (s. hierzu Kapitel 2.4). Beliebt bei den Eltern sind außerdem gemeinsame Familienausflüge und Feste, die auch zum ausführlicheren Gespräch genutzt werden können.

Der gute Kontakt zu Eltern ist eine wichtige Säule der pädagogischen Arbeit. Dabei stellt sich allerdings auch die Frage:

Wie können sich Tagesmütter gegen überbordende Ansprüche von Eltern abgrenzen? Ihre persönlichen und doch recht privaten Betreuungsbeziehungen sind bei aller Hingabe an die Menschen und an die Aufgabe auch Geschäfts- und Dienstleistungsbeziehungen. Auch das System Tagespflegefamilie hat Grenzen bezüglich seiner Leistungsfähigkeit und seiner Leistungsbereitschaft (Limbach-Perl in: ZeT 1/2007).

Die Frage: »Wie sag ich's meinen Eltern, ohne die Zusammenarbeit zu gefährden?« stellt sich wohl jede Tagesmutter gelegentlich. Eine Tagesmutter braucht Geschick im Umgang mit anderen Menschen und die Fähigkeit, konstruktiv zu kommunizieren. Wie kann sie auf andere eingehen, ohne ihren eigenen Standpunkt aufzugeben? Grundlagen zur Klärung dieser Frage und zum Erwerb kommunikativer Kompetenz können in der Qualifizierung erarbeitet werden. Einen Kommunikationsstil zu entwickeln, der achtsam, wohlwollend und eindeutig ist, braucht Zeit und Erfahrung. In diesem Prozess ist eine Tagesmutter auf fachliche Begleitung und kollegiale Unterstützung angewiesen (s. hierzu S. 42 f.).

Die Tagesmutter als Lotsin oder Regisseurin der Kommunikation
Zur Rollenklärung einer Tagesmutter gehört auch, dass sie als Fachfrau bei Spannungen und Unsicherheit die Initiative für ein klärendes Gespräch ergreift. Aus der Sorge heraus, negative Konsequenzen für die Betreuung des Kindes zu provozieren, ist es für eine Mutter oft sehr viel schwieriger, Konflikte anzusprechen. Die Rollenverantwortung einer Tagesmutter geht aber über die bloße Gesprächsführung weit hinaus. Sie ist dafür zuständig, den gesamten Beziehungsprozess zu moderieren und dabei auch auf faire geschäftliche Vereinbarungen zu achten. Eine gute Zusammenarbeit zwischen Tagesmutter und Eltern kommt nicht von ungefähr. Sie muss gemeinsam hergestellt werden. Der Tagesmutter kommt dabei die Funktion einer Lot-

sin oder einer Regisseurin zu (Limbach-Perl 2007). Sie setzt Termine und klärt Verfahren, kommuniziert freundlich und klar eigene Erwartungen und unterstützt Eltern, ihre Fragen und Erwartungen auszudrücken. Sie rechnet gelassen mit Missverständnissen im hektischen Alltag, klärt die Situation erst für sich und spricht – wenn nötig – Eltern zeitnah in einem passenden Moment an, um die positive Arbeitsbasis wieder herzustellen. Eine Tagesmutter tut gut daran, die Störanfälligkeit der Erwachsenenbeziehung als Realität zu akzeptieren und mit entsprechender Sorgfalt und Aufmerksamkeit zu gestalten.

Eine Tagesmutter berichtet: »Am Wichtigsten sind gegenseitige Akzeptanz und Vertrauen. Diese müssen erarbeitet werden. ... Zu Beginn eines Betreuungsverhältnisses ist es nicht nur wichtig, dass sich das Kind bei mir wohl fühlt und Vertrauen fasst, sondern auch, dass ich zu den Eltern ein gutes Vertrauensverhältnis aufbaue, so dass sie sich bei mir wohl fühlen können. Dies ist ein nicht unwesentlicher Teil meiner Arbeit, denn anders als in der Kita gehen die Eltern tagtäglich in meinem privaten Haus ein und aus. Sind die Eltern in der Tagespflege angekommen, schaffen es auch die Kinder. ... Die Gestaltung der Beziehung zu den Eltern obliegt jeder Tagesmutter nach ihrem Wesen. Ich denke, da gibt es viel Spielraum zwischen Nähe und Distanz. ... Es ist aber wichtig, sich immer wieder abzugrenzen und das Familiäre der Tagespflege nicht in ›Familienzuwachs‹ ausufern zu lassen. Das ist meiner Meinung nach das Schwerste an der Arbeit. Sein Recht auf Feierabend durchzusetzen, auch wenn es gerade noch so schön ist. Das kennt sicher jede Tagesmutter. Diese Balance zwischen Nähe und Distanz wird mit jedem Tagespflegeverhältnis neu austariert.« (ZeT 1/2007, S. 16)

4
Neue fachliche Netzwerke

Netzwerke sind in der Tagespflege traditionell im Rahmen der fachlichen Begleitung üblich: Tagesmütter vernetzen sich vor Ort zu den Themen Beratung, Qualifizierung, Vermittlung und Praxisbegleitung mit dem öffentlichen Träger und/oder einem freien Träger, eventuell auch mit mehreren freien Trägern der Kinder- und Jugendhilfe. Tagesmütter schließen sich auch untereinander in Praxis- oder Fortbildungsgruppen zusammen. Sie vernetzen sich in einem lokalen Tagespflegeverein, um ihre Interessen zu vertreten und ein örtliches Tagespflegeangebot zu organisieren. Und Tagesmütter treffen sich informell, um sich auszutauschen, und auch, um mit den Kindern gemeinsame Spielplatzbesuche oder Ausflüge zu unternehmen. Vernetzung war immer ein zentrales Gebot der fachlichen Sicherung der Betreuungsform, da die Tätigkeit überwiegend im privaten Haushalt – und das bedeutet gleichzeitig auch isoliert und ohne kollegialen Rückhalt – ausgeübt wird.

Im Zuge der neuen Entwicklungen in der Tagespflege etablieren sich nun Netzwerke mit neuen Zielsetzungen: So schließen sich vermehrt Tagesmütter zusammen, um die inzwischen rechtsverbindlich vorzuhaltende Ersatzbetreuung bei Ausfall möglich zu machen. Sie bilden Partnerschaften, um so genannte Tagesgroßpflegestellen zu gründen. Und sie vernetzen sich mit Tageseinrichtungen (s. hierzu Kapitel 4.2), um Kooperationen oder neue Angebotsformen aufzubauen.

4.1 Tagesgroßpflege

Eine Tagesmutter kann per Erlaubnis bis zu fünf fremde Kinder in ihrem Haushalt betreuen. Aktuell wird diese Vorschrift überwiegend so ausgelegt, dass maximal fünf Kinder gleichzeitig anwesend sein dürfen. Das bedeutet: Eine Tagesmutter kann für mehr als fünf Kinder die Betreuungsverantwortung übernehmen, solange bei Teilzeit-Anwesenheit die Obergrenze von fünf Kindern nicht überschritten wird. Wer mehr Kinder betreuen möchte, muss sich eine Partnerin suchen und nach den Richtlinien des jeweiligen Bundeslandes eine Tagesgroßpflegestelle eröffnen. Dem kommt entgegen, dass – ebenfalls mit Regelungszuständigkeit der Länder – seit dem Jahr 2005 Kindertagespflege auch »in anderen geeigneten Räumen« (§ 22 SGB VIII) geleistet werden kann.

Aufstiegsmöglichkeit im Tätigkeitsfeld

Tagespflege im Rahmen einer Großpflegestelle ermöglicht den Betreuerinnen existenzsichernde Einnahmen (s. hierzu S. 32 f.). Versierten, professionell orientierten und engagierten Tagesmüttern mit Erfahrung bietet sie eine der wenigen Aufstiegsmöglichkeiten im Tätigkeitsfeld. Die Tagesgroßpflege kann wegen eines Betreuungsortes außerhalb des Familienhaushalts stärker als Arbeitsplatz verstanden werden, die Abgrenzung vom Privaten ist dadurch einfacher. Die Isolation der Tätigkeit im eigenen Haushalt ist überwunden: Es gibt eine Kollegin, mit der sich eine Tagesmutter die Arbeit teilen kann. Für ausgebildete Erzieherinnen stellt die Tagesgroßpflege eine Möglichkeit dar, in eigener Regie intensiv mit einer kleinen Kindergruppe zu arbeiten. Für den öffentlichen Träger ist sie eine willkommene Möglichkeit, das Platzkontingent kostenschonend zu erhöhen. Das Interesse an Varianten dieser Form der Tagespflege ist in den vergangenen Jahren sprunghaft angestiegen.

Tagesgroßpflege und die Betreuung in angemieteten Räumen befördern einen Organisationsgrad von Betreuung, der dem von Einrichtungen einerseits recht nahe kommt, andererseits doch deutlich unter den Dimensionen üblicher Kindertagesstätten liegt. Tagespflege begibt sich damit in den Grenzbereich zu Kleinsteinrichtungen. Das familiäre Umfeld und der Haushalt der Tagesmutter als Handlungszusammenhang und besonderes Merkmal der Tagespflege sowie die Besonderheit der ganz kleinen Gruppe gehen dabei in Teilen oder ganz verloren. Eltern mit sehr kleinen Kindern schätzen jedoch gerade der Familienähnlichkeit wegen die Tagespflege als Betreuungsalternative zur Einrichtung. Inwieweit die Tagesgroßpflege als Angebot für Eltern von unter Zweijährigen, die heute mehrheitlich in Tagespflege betreut werden, attraktiv ist, ist noch nicht systematisch erfasst. Die gemäßigte Gruppengröße einer Tagesgroßpflegestelle bietet auch Vorteile: Kinder haben mehr Auswahl an Spielpartnerinnen und -partnern und können mehr Gruppenerfahrung machen als in einer Tagespflegestelle, in der nur zwei oder drei Kinder betreut werden. Auch Kinder, für die wegen einer Behinderung oder einer chronischen Krankheit ein erhöhter Pflegebedarf notwendig ist, finden in der Tagesgroßpflege gute Möglichkeiten, gemeinsam mit anderen aufzuwachsen. Wegen der im Vergleich zu Einrichtungen kleineren Gruppengröße können sie in der Tagesgroßpflege die Aufmerksamkeit bekommen, die sie brauchen. Sie bereichern zugleich den Alltag der anderen Kinder. Kinder mit einer anderen Muttersprache als Deutsch können in der Tagesgroßpflege intensiv gefördert werden, alle profitieren von einem multikulturellen Zusammenleben (vgl. Gerszonowicz in: ZeT 3/2003).

Rahmenvorgaben für Tagesgroßpflegestellen
Die Rahmenvorgaben für Tagesgroßpflegestellen variieren lokal. Ein Beispiel: In München dürfen in einer Großtagespflegestelle maximal zehn gleichzeitig anwesende Tageskinder betreut werden. Diese Aufgabe muss von zwei Tagesbetreuungspersonen übernommen werden. Werden nicht mehr als acht Kinder betreut, genügt es, wenn die Betreuungspersonen eine Tagespflege-Qualifizierung mit Zertifikat und dreijährige Erfahrung mit Tagespflege in Zusammenarbeit mit dem öffentlichen Träger vorweisen können. Ab dem neunten betreuten Kind braucht eine der beiden Betreuungspersonen zusätzlich eine pädagogische Ausbildung (Erzieherin, Heilpädagogin, Sozialpädagogin, Lehrerin). Als Basis für die pädagogische Arbeit muss ein Konzept in Anlehnung an die Qualitätsmerkmale der pädagogischen Konzepte für Eltern-Kind-Initiativen vorgelegt werden. Tagesgroßpflegestellen sind als altersgemischte Gruppen konzipiert. Tagesgroßpflege wird ausdrücklich auch als Betreuungsform für ältere Kinder beworben, z. B. als Möglichkeit der Nachmittagsbetreuung mit Hausaufgabenhilfe inklusive Mittagstisch. Für die Betreuung sind Räume anzumieten. Der private Haushalt einer der beiden Tagesbetreuungspersonen kommt als Betreuungsort nicht in Frage. Die Ersatzbetreuung wird innerhalb der Tagesgroßpflege sichergestellt. Wenn bei Ausfall einer Betreuungsperson mehr als fünf Kinder zu betreuen sind, können die beiden Tagespflegepersonen sich nicht gegenseitig vertreten. Dann muss eine weitere qualifizierte Tagesbetreuungsperson

bzw. pädagogische Fachkraft einspringen. Als Aufwendungsersatz werden vom Stadtjugendamt 3,50 € pro Stunde und Kind gewährt (Konzeptpapier LH München 2007). Die örtlichen Bedingungen für die Tagesgroßpflege sind im zuständigen Jugendamt zu erfragen.

Tagesgroßpflegestelle »Milliways« in Berlin-Kreuzberg
In Berlin gibt es eine lange Tradition der Tagesgroßpflege. »Milliways« existiert schon seit 1985. In einer 120 Quadratmeter-Wohnung in Kreuzberg werden zum Zeitpunkt des Interviews acht Kinder von zwei Fachkräften betreut, eine von ihnen ist Diplom-Sozialpädagogin, die andere hat eine pädagogische Ausbildung. Zum Team gehört auch eine »Springerin«, die den Kindern vertraut ist und in Krankheitsfällen ohne »Warmlaufzeit« aktiv werden kann. Zum Führen einer Tagesgroßpflegestelle gehört auch in Berlin ein pädagogisches Konzept. Das besagt, dass im »Milliways« Kinder aus verschiedenen sozialen Schichten, Nationalitäten und mit und ohne Behinderung betreut werden. Neben dem üblichen Alltagsgeschäft wird auch in themenorientierten Projekten gearbeitet, die regelmäßig in besondere Veranstaltungen münden. Die Leiterinnen von »Milliways« haben ein eigenes Qualitätsmanagement und holen sich von Eltern und Schulen Ehemaliger Feed-Back. Sie übernachten mit den Kindern regelmäßig in der Wohnung und machen einmal jährlich eine gemeinsame Reise. Die Gründerin der Pflegestelle nimmt den erhöhten Arbeitseinsatz und die vergleichsweise geringe Freizeit und Bezahlung für den Erfolg ihrer Arbeit und die Möglichkeit zur Selbstbestimmung in Kauf. Sie sagt: »Ich konnte diese Art der ›Klein-Kitas‹ als sinnvolles und ausgesprochen effektives Betreuungsmodell erleben. ... Jeden Tag gehe ich gern zur Arbeit. Ich arbeite mit jemandem zusammen, der zu mir passt, dies nicht zuletzt deshalb, weil ich mir meine Partnerin selbst aussuchen kann. Meine Kollegin ist genauso hoch motiviert wie ich. Unsere Räume konnten wir selber wählen und gestalten. Unsere pädagogische Konzeption wurde von uns erarbeit und nicht von Dritten vorgegeben. Durch die kleine Gruppe funktioniert die Kommunikation mit den Eltern der Kinder unserer Tagesgroßpflegestelle problemlos. Sichtbarer Erfolg unserer Arbeit ist die Tatsache, dass unsere Kinder jeden Tag mit Freude zu uns kommen. ... Dieses ›kleine‹ Betreuungsmodell kann viel leisten, vor allem bietet es ein großes Integrationspotenzial« (ZeT 5/2004, S. 20 f.).

Soweit absehbar ist, werden sich Tagesgroßpflegestellen und Kleinsteinrichtungen in angemieteten Räumlichkeiten weiter verbreiten. Mit diesen neuen Mischformen sind fachliche Herausforderungen verbunden: Da der familiäre Charakter der Betreuung zumindest teilweise aufgegeben wird, entstehen neue Qualifikationsanforderungen etwa in Bezug auf Gruppenpädagogik für Kleinkinder und auf die altersgemischte Gruppe. Die Tagespflegepersonen sind außerdem mit einem erhöhten Organisationsaufwand konfrontiert. Mehr Kinder, mehr Eltern, mehr Versorgungsbedarf (selbst einkaufen und kochen, oder Essen liefern lassen?), mehr Verwaltung durch die Anmietung von extra Räumen, höhere bürokratische Anforderungen des öffentlichen Trägers, gegebenenfalls die Koordination von Hilfskräften – in Berlin z. B. wird dieser Mehraufwand mit einem gegenüber der üblichen Tagespflege erhöhten Erziehungsgeld honoriert (vgl. Gerszonowicz in ZeT: 3/2003).

Die Abgrenzung zwischen institutioneller Kinderbetreuung und Tagespflege muss im Übergang zur Kleinsteinrichtung neu definiert werden – unter der Leitfrage: Wo in der Tagesgroßpflege ist die Charakteristik der Tagespflege spürbar? Wenn die spezifischen Merkmale der Tagespflege verloren gehen, fehlen nachvollziehbare Gründe, warum für Tageseinrichtungen und Tagesgroßpflege unterschiedliche Qualifikationsanforderungen und Rahmenbedingungen gelten sollen. Die Bestrebungen, Erzieherinnen als Tagesmütter zu gewinnen, können zudem problematisch werden, wenn die institutionellen Fachkräfte mangels Alternative den Schritt in die Tagespflege tun müssen. Dass seitens der Einrichtungen und von Gewerkschaften angesichts solcher Praxis auch Befürchtungen bezüglich einer »Deprofessionalisierung« der öffentlichen Kinderbetreuung geäußert werden, ist nicht verwunderlich (DIJuF 2006). Für die Kooperation von Einrichtungen und Tagespflege bildet diese Aufstellung einen komplizierten Hintergrund.

4.2 Kooperation von Kindertagespflege und Kindertagesstätten

Eine Tagesmutter wünscht: »Es wäre schön, wenn die Tagespflege nicht mehr als Konkurrenz gegenüber den Kindertagesstätten anzusehen wäre, sondern dass Kitas und Tagesmütter immer mehr zusammenarbeiten und Tagesmutter als ein vollwertiger Beruf angesehen wird.« (ZeT 6/2001)

In beiden Bereichen – sowohl bei den Kindertagesstätten wie auch in der Tagespflege – finden größere Systemumbrüche statt. Kindertageseinrichtungen und Tagespflege verändern ihr Profil, in der Folge müssen sich auch die Fachkräfte und die Betreuerinnen neu orientieren. Als politisch gewollt wird ein integriertes System der Kinderbetreuung vorgestellt, das beide Angebotsformen in guter Qualität vereint und ein großes Spektrum von Dienst- und Förderleistungen für Eltern, Kinder und Familien vorsieht. Dabei ist weniger an eine Struktur mit den isolierten Säulen »Tagesstätte« und »Tagespflege« gedacht. Anvisiert wird in Anlehnung an britische und skandinavische Modelle vielmehr ein vernetztes System mit flexiblen Übergängen, bedarfsorientierten Mischformen und vielfältigen Kooperationen.

Bei der Tagespflege werden seit der Gesetzesnovellierung durch TAG und KICK im Jahr 2005 größere Anstrengungen zur Umstrukturierung unternommen. In der Absicht, einen quantitativen und qualitativen Ausbau zu bewerkstelligen, wurden in den Ländern und Kommunen bereits Verfahren etabliert, die die Umsetzung der Erlaubnispflicht (s. S. 41) gewährleisten können. Eine »Qualifizierungsoffensive«, die Anwerbung neuer Tagesmütter, die Entwicklung eines Berufsbildes mit verbesserter beruflicher Anschlussfähigkeit und Vergütungsstruktur, die Vereinfachung der Rechtsregelungen und die Umsetzung neuer Finanzierungs- und Kostenstrukturen für die Eltern stehen im Rahmen eines »Aktionsprogramms Tagespflege« an. Die geplanten Maßnahmen dienen der Absicht, die Betreuungsform Kindertagespflege zu professionalisieren und stärker als bisher öffentliche Verantwortung für sie zu übernehmen. Regelungen wie die angekündigte allgemeine Steuerpflicht für die Leistungen der Kindertagespflege und die daraus resultierenden sozialversicherungsrechtlichen Folgen für die Betreuungspersonen (s. S. 45 ff.) werden auf dem Weg der Zielerreichung noch als Nebenwidersprüche angesehen.

Über ihre neue, gesetzlich erwirkte Stellung »auf Augenhöhe« ist die Tagespflege den Kindertagesstätten ein Stück näher gerückt. Kooperation ist ausdrücklich erwünscht: Erzieherinnen und Erzieher sollen mit Tagesbetreuungspersonen zusammenarbeiten – so steht es im Achten Buch des Sozialgesetzbuchs (§ 22a SGB VIII). Kooperation ist dort zunächst verankert, um Brüche bei Übergängen zwischen den einzelnen Betreuungsformen zu vermeiden, z. B. wenn Kinder ergänzend zur Kindertagesstätte in Tagespflege betreut werden. Die Bundesarbeitsgemeinschaft der Landesjugendämter hat im November 2006 einen Beschluss zur »Kooperation und Vernetzung von Kindertageseinrichtungen im Sozialraum« gefasst, in dem eigene Ausführungen zur »Kooperation mit Kindertagespflegepersonen« enthalten sind. Sie gehen weit über die ursprüngliche Zielsetzung im Kinder- und Jugendhilfegesetz hinaus. Zur Erreichung von so genannten Synergie-Effekten, also von Vorteilen durch das Zusammenwirken beider Bereiche, werden weitere Kooperationsmöglichkeiten aufgezählt, die nachfolgend in der Liste der Beispiele aus der Praxis aufscheinen (s. hierzu S. 135 ff.).

Die Kindertageseinrichtungen sind durch das TAG und durch verschiedene andere Entwicklungen ebenfalls mit neuen Anforderungen konfrontiert. Der Ausbau der Betreuung für Kinder unter drei Jahren und im Schulalter, die Einführung von Bildungsplänen, die deutlich betonte vorschulische Sprachförderung, die Aufgabe der Integrationsförderung, die geforderte Sozialraumorientierung sind nur einige der aktuellen Herausforderungen. Die Tageseinrichtungen sollen sich zur Erfüllung dieser und weiterer Aufträge nach dem Vorbild der Early Excellence und der Pen Green Centers in Großbritannien und der Judy Centers in den USA weiterentwickeln. Gewollt sind nicht nur Bildungseinrichtungen für Kinder, sondern umfassende »Dienstleistungs- und Kommunikationszentren« für Familien. Der Zentrumsgedanke wird an unterschiedlichen Orten in unterschiedlichen Ausprägungen, aber doch überall mehr oder weniger intensiv verfolgt. Auch das Konzept der Mehrgenerationenhäuser (MGH) wurzelt in der Philosophie vernetzter Dienstleistungen, allerdings in Kombination mit Selbsthilfe. Das MGH-Konzept ist offen für die Integration von Kindertagespflege und im Mütterzentrum Salzgitter in Trägerschaft des SOS-Kinderdorf e.V., der Einrichtung, die modellbildend für die Mehrgenerationenhäuser war, gehört sie seit langem zum Angebotsspektrum.

Das Land Nordrhein-Westfalen baut seit Anfang 2006 als erstes in einem Modellprogramm schrittweise systematisch ihre Tageseinrichtungen zu »Familienzentren« aus. Die Familienzentren sind als Knotenpunkte in einem neuen Netzwerk geplant, das Familien umfassend berät und unterstützt. Neben ihrem Auftrag als Einrichtungen zur Erziehung, Bildung und Betreuung von unter dreijährigen Kindern, Kindern im klassischen Kindergartenalter und schulpflichtigen Kindern sollen die Familienzentren unter anderem auch zu Vermittlungsagenturen für Tagespflege werden. Das Konzept sieht vor, dass die Familienzentren auch ein qualifiziertes Angebot an Kindertagespflege vorhalten müssen, um ein Gütesiegel zu erhalten. In jedem Fall sollen in den Zentren Beratung und Vermittlung von Tagesmüttern erfolgen, ihre Qualifizierung zumindest mit unterstützt werden. Im Rahmen der Zusammenarbeit soll Tagesmüttern ermöglicht werden, die Räume der Einrichtung während der Öffnungszeiten z. B. für Kleingruppen unter Dreijähriger zu nutzen (= Verbundleistung). Auch außerhalb der Öffnungszeiten können Tagesmütter Räume für so genannte Randzeitenbetreuung belegen. Hier wurde Kooperation quasi »top down« strukturell verankert.

Wie kommt ansonsten im Alltag zusammen, was zusammen kommen soll? Die Annäherung zwischen Tagespflege und Tagesstätten ist für beide Seiten häufig noch ein Vordringen in sensible Bereiche. Erzieherinnen und Tagesmütter sehen sich oft als Vertreterinnen konkurrierender Angebote. Doch gibt es bereits eine Reihe von positiven Beispielen für Kooperationen zwischen Tagespflege und Tagesstätten: von der gemeinsamen Raumnutzung über gemeinsame Fortbildungen bis hin zur Tätigkeit von Erzieherinnen in beiden Betreuungsbereichen. Entwicklungspotenzial für die Zukunft ist vorhanden. Derzeit wird vielerorts erprobt, welche Formen der Zusammenarbeit im Alltag Bestand haben und wie die Überschneidungsbereiche für die Beteiligten akzeptabel ausgestaltet werden können. Hier wird Pionierarbeit geleistet.

Basis für die Kooperation
Bereits jetzt wird die Intensivierung der Kooperation zwischen Kindertagesstätten und Tagespflegepersonen von mehr als der Hälfte der Jugendämter in Westdeutschland als Maßnahme genannt, um die Betreuungskapazitäten auszubauen (Seckinger/van Santen 2007). Das hat mit der bisher günstigen Kostenstruktur der Kindertagespflege für die öffentliche Hand zu tun. Die Kommunen erhoffen sich über die verstärkte Einbeziehung von Tagespflege finanzielle Vorteile bei der Erfüllung der Pflicht zum Platzausbau.

In der Vergangenheit finanzierten Eltern die Tagespflege vorwiegend privat. Die Übernahme von (Teil-)Kosten seitens des öffentlichen Trägers war nur bei Nachweis besonderer Bedürftigkeit im Rahmen der wirtschaftlichen Jugendhilfe üblich. Die Preise für die Tagespflege differieren regional sehr stark: Im Schnitt zahlten Eltern für einen Halbtagsplatz in einer Kinderkrippe zuletzt pro Monat knapp 120 € (Bien/Rauschenbach/Riedl 2006). In der Tagespflege belaufen sich die Kosten eines Halbtagsplatzes für die Eltern auf knapp 230 €, wenn – wie in der Modellrechnung des Bundesfamilienministeriums für das TAG – von einem Stundensatz von 3 € ausgegangen wird. In München zahlten Eltern, die einen Zuschuss vom öffentlichen Träger erhielten, im Jahr 2005 im Durchschnitt für einen Halbtagsplatz immer noch circa 190 € (Münchner Studie, Weiß 2006).

Die Annahme, dass Kindertagespflege für die öffentlichen Träger eine quasi kostenneutrale Variante von Tagesbetreuung darstellt, muss in jedem Fall revidiert werden. Je mehr öffentliche Verantwortung für die Tagespflege übernommen wird, je qualifizierter sie ausgeführt und je verantwortlicher sie fachlich fundiert ausgestattet wird, desto mehr nähern sich die Kosten denen der institutionellen Betreuung an. Gegenwärtig ist ein qualitativ gut ausgestatteter Tagespflegeplatz für die öffentliche Hand jedoch immer noch günstiger als ein Krippenplatz. Das liegt auch daran, dass keine Investitions- und Bauunterhaltskosten anfallen und im bisherigen System auch keine Personalkosten aus Anstellungsverhältnissen der Tagespflegepersonen übernommen werden.

Die Unterschiede zwischen Einrichtungen und Tagespflege auf der Kostenebene bilden auch die Unterschiede auf der strukturellen Ebene ab. Sehr deutlich tritt dies beim Thema der Qualifizierung hervor: Erzieherinnen und auch Kinderpflegerinnen absolvieren eine mehrjährige Ausbildung. Derzeit wird in Anlehnung an die Verfahren im benachbarten Ausland gerade die (Teil-)Akademisierung dieser Ausbildung auf den Weg gebracht. Für die Tagespflege dagegen ist selbst ein Volumen von 160

Stunden Qualifizierung (entspricht bei 20 Wochenstunden acht Wochen Unterricht) flächendeckend noch keineswegs selbstverständlich.

Trotz dieser im Kern konkurrenten Besetzung des Feldes der Kindertagesbetreuung bei ungleichen Voraussetzungen bewirken die aktuellen Entwicklungen eine Annäherung der beiden Betreuungsformen. Die Grenzen werden dabei so durchlässig, dass der Gesetzgeber die Länder ausdrücklich mit einer Definition der einzelnen Formen beauftragt (§ 22 SGB VIII). Die Erhöhung der Durchlässigkeit geht zum Teil auch aktiv von Seiten der Einrichtungen aus. In Bayern erteilen Jugendämter Erzieherinnen in Tageseinrichtungen z. B. eine Erlaubnis für Tagespflege, damit sie lange Betreuungszeiten bei einzelnen Kindern hausintern abdecken können. Angesichts des steigenden Drucks zum Ausbau von Plätzen für unter Dreijährige und für Schulkinder wird überall nach neuen Formen gesucht, die wenig Kosten für die öffentliche Hand verursachen und aus der Sicht des Kindeswohls vertretbar erscheinen. Die großen Wohlfahrtsverbände als Träger von Kindertageseinrichtungen sind wegen der niedrigen Geburtenrate und der daraus resultierenden unsicheren Auslastung ihrer Kapazitäten an der Tagespflege durchaus interessiert. Das zeigt zum Beispiel das Engagement der Arbeiterwohlfahrt (AWO), die kürzlich unter Nutzung ihrer vorhandenen Infrastruktur mit der AWO ElternService gGmbH in großem Stil in die Tagespflege eingestiegen ist.

Kleineinrichtung auf Basis der Tagespflege – Kindernest Sonneneck in Nürnberg

Das »Kindernest Sonneneck« ist eine Tagesstätte für Mädchen und Jungen unter drei Jahren, die nach allgemeinem Verständnis eine Kinderkrippe ist, aber aus rechtlichen Gründen nicht so heißen darf. Für die Einrichtung kooperieren ein Trägerverein (Schwabacher Zentrum für Arbeit und Kultur, ZAK), die Kommune und das Jugendamt Schwabach. Circa sechs Tagesmütter sind das Rückgrat der Einrichtung, sie haben eine Zusatzausbildung absolviert und sind für 7 Euro die Stunde auf freiberuflicher Basis beschäftigt. Bisher musste dieses Einkommen nicht versteuert werden, weil der Trägerverein im Auftrag des Jugendamtes arbeitet. Neben den Tagesmüttern gibt es auch pädagogisches Fachpersonal: zwei Erzieherinnen – eine davon ist Gründerin des Projekts – und drei Kinderpflegerinnen. Die freiberufliche Beschäftigung der Tagesmütter ist ein finanzieller Vorteil der Einrichtung: Sie arbeiten nach Bedarf und müssen nicht wie fest angestelltes Personal in einer herkömmlichen Krippe fix bezahlt werden.

Das Angebot ist außergewöhnlich flexibel und deutlich günstiger als eine herkömmliche Krippe. Die Kinder werden zwischen 6 und 20 Uhr betreut, bei Bedarf auch samstags. Die Betreuungszeiten können nahezu frei auf den Bedarf abgestimmt werden. Gezahlt wird nach Nutzungsdauer. Pro Kind und Stunde müssen die Eltern einen Euro ausgeben, Stadt und Jugendamt zahlen jeweils einen Euro dazu.

Im »Kindernest Sonneneck« müssen weniger Gesetze, Richtlinien und Ausführungsbestimmungen als bei konventionellen Krippen eingehalten werden. Dieser Aufwand treibt in den Krippen die Kosten in die Höhe. Das Kindernest arbeitet kostendeckend mit geringem Aufwand, hat kein eigenes Gebäude, sondern ist auf drei angemietete Wohnungen im Stadtgebiet verteilt. Die Wohnungen können relativ schnell gekündigt werden, wenn der Bedarf sinkt. Das »Kindernest Sonneneck« steht in Kooperation mit der städtischen gemeinnützigen Wohnungsbaugenossenschaft und kann die Wohnungen zu einem günstigen Preis anmieten. Das Mobiliar besteht zum großen Teil aus Spenden. Als Freifläche wird der nahe gelegene Spielplatz eines Kindergartens genutzt. Große Wohlfahrts- und Sozialverbände und die Gewerkschaften sehen solche Initiativen mit Argwohn, da sie ihr angestammtes Geschäftsfeld bzw. die Grundpfeiler des Tarifrechts bedroht sehen (Süddeutsche Zeitung vom 4. April 2007).

Ein großes Thema für die Kooperation zwischen den beiden Angebotsformen Tagespflege und Tagesstätten ist, dass bisher keine Ausstattung der möglichen Partner mit öffentlichen Mitteln erfolgte, die einer Gleichrangigkeit entspricht, und sich die beiden Betreuungsformen infolgedessen auf einem sehr unterschiedlichen qualitativen Ausbaustand befinden. Tagespflege und Tagesstätten können sich heute nur an wenigen Orten mit jeweils gefestigten, professionellen Strukturen auf Augenhöhe gegenübertreten. In der Tagespflege sind qualitative Aufbautendenzen zwar deutlich erkennbar. Speziell die Einführung der Erlaubnis ab dem ersten betreuten Kind und die Verpflichtung zur Qualifizierung (s. S. 39 f.) zeugen von den Anstrengungen, die Betreuungsform aus der Grauzone herauszuholen. Dass die Tagespflege neuerdings mit einem eigenen Qualitätsprofil in der Fachöffentlichkeit wahrgenommen wird, darf aber nicht darüber hinwegtäuschen, dass es auf die Fläche hin einen Mangel an abgesicherten professionellen Strukturen gibt.

Eine im Jahr 2006 im Auftrag der Bertelsmann-Stiftung erstellte Expertise zur Kooperation zwischen Tagespflege und Kindertageseinrichtungen kam unter anderem zu dem Ergebnis, dass stabile Kooperation dann gelingt, wenn beide Partner für sich Vorteile in der Zusammenarbeit finden. Weiters wurde festgestellt, dass Kooperation wachsen muss und insofern Zeit und personelle Ressourcen in Anspruch nimmt. Kooperation kann, so wurde betont, nur auf der Basis eines Einvernehmens über ein fachliches Profil und gemeinsame Qualitätsstandards sowie über die klare Orientierung am Kind aufgebaut werden (Stempinski 2006).

Formen der Kooperation – Beispiele aus der Praxis
Kooperationen zwischen Tagespflege und Kindertageseinrichtungen können folgende Gestalt haben:
- Vermietung von Räumen an selbstständig tätige Tagesmütter oder Tagesgroßpflegestellen, Raumnutzung für Veranstaltungen im Rahmen der Kindertagespflege
- Erweiterungen der Betreuungszeiten in der Kindertageseinrichtung durch die Tagespflege, um Betreuungsbedarfe außerhalb der Öffnungszeiten zu erfüllen (sog. Randzeitenbetreuung, auch Wochenend- oder Nachtbetreuung)

Familienservice des Zentrums für Familie und Alleinerziehende e.V. der Stadt Jena
Der Familienservice des Zentrums für Familie und Alleinerziehende e.V. ergänzt das Angebot der Stadt um flexible Betreuungsangebote und arbeitet dafür mit Tagesmüttern zusammen. Ein »Minikindergarten« des Trägers kann für Ersatzbetreuung bei Ausfall der Tagesmutter genutzt werden. Die Steuerung des lokalen Kindertagespflege-Angebots liegt beim städtischen Jugendamt in der Abteilung »Kindertagesstätten«, was als günstige Kooperationsvoraussetzung erachtet wird.
Die Kindertagespflege hat in Jena eine für die neuen Bundesländer verhältnismäßig große Bedeutung. Ein kommunalpolitischer Beschluss hat in Jena eine rechtsverbindliche Grundlage für die Betreuung schon ganz kleiner Kinder geschaffen. Per Rechtsanspruch ist Jenaer Eltern ein Platz für Kinder ab dem siebten Lebensmonat in einer Tagespflegestelle und ab dem 13. Lebensmonat in einer Kindertagesstätte garantiert. Das Wunsch- und Wahlrecht wird dadurch unterstützt, dass Eltern den Ort für die Förderung und Betreuung ihrer Kinder zwischen dem ersten und dem dritten Lebensjahr wählen können: Tagespflege oder Tageseinrichtung (www.handbuch-kindertagespflege.de, Kap. 4).

- Angebote für Altersgruppen, die nicht in der Kindertageseinrichtung aufgenommen werden können
- Verbesserter Elternservice durch Beratung über und Vermittlung in die Angebotsstruktur mit Plätzen in Tagesstätten und Tagespflege »aus einer Hand«

- Notfallbetreuung und Unterstützung von Vertretungslösungen bei Ausfall der Tagesmutter

Tageskindertreff TKT in München

In München wird ein Teil der Tageskinder im Falle einer Ersatzbetreuung in einer Einrichtung mit dem Namen »Tageskindertreff TKT« betreut. Der Tageskindertreff ist ausschließlich für Tageskinder zuständig, dort findet kein regulärer Kita-Betrieb statt. Im TKT sind Erzieherinnen beschäftigt, die die Kinder in Kooperation mit den Tagesmüttern und den Eltern eingewöhnen. Mindestens einmal im Monat besuchen die Tagesmütter mit den Tageskindern den TKT, um die Vertrautheit der Kinder mit der Einrichtung aufrecht zu erhalten. Die Kinder gehen bei Ausfall der Tagesmutter nach Bedarf für wenige Stunden oder einige Tage dorthin. Die Erfahrung hat gezeigt: Sie gehen gerne dorthin. Die Herausforderung für das Team der Erzieherinnen im TKT ist die unter Umständen täglich neue Zusammensetzung der anwesenden Kindergruppe. Ein TKT mit vier Halbtagskräften bietet die Möglichkeit der Ersatzbetreuung für circa 80 Kinder. Die regelmäßigen Begegnungen der Tagesmütter im TKT, Besuchskontakte und Gruppentreffen fördern insgesamt den fachlichen Austausch. Sie ermöglichen den Tagsmüttern, aus ihrer isolierten Arbeitssituation heraus zu treten. Tagesmütter schätzen die Erzieherinnen des TKT als ausgebildete Fachkolleginnen und nutzen bei Bedarf das niedrigschwellige Beratungsangebot, das ihnen unbürokratisch zur Verfügung steht. Sie erleben die Möglichkeit der Zusammenarbeit mit dem TKT als eine Aufwertung ihrer Tätigkeit (Konzept LH München 2007).

Treffpunkt Tagesmütter in Wiesbaden

Das Projekt gewährleistet durch die Zusammenarbeit mit Tagesstätten verbindliche und kinderfreundliche Vertretungssysteme in zwei Varianten. Bei der ersten Variante halten Tagesmütter und Tageskinder in einem wöchentlichen, fachlich von einer Erzieherin begleiteten Spielgruppentreffen in der Kita »Kinderhaus Elsässer Platz« Kontakt und werden sich so vertraut. Die beteiligten Tagesmütter können sich bei Ausfall einer Tagesmutter gegenseitig vertreten. In einer Art »Nebeneffekt« findet kontinuierlich Qualifizierung im Austausch zwischen Erzieherin und Tagesmüttern statt. Im Rahmen der Spielkreise wird die pädagogische Arbeit mit den Kindern fokussiert.

In der zweiten Variante werden Tageskinder im Vertretungsfall in einer Einrichtung betreut. Die Tagesmütter gehen einmal pro Woche mit ihren drei bis vier Tageskindern in eine »Patengruppe« einer Tageseinrichtung, um an den Gruppenaktivitäten teilzunehmen und so die gegenseitige Vertrautheit herzustellen. Gemeinsame Gespräche zwischen Tagesmüttern und »Patenerzieherinnen« stützen das Modell (Stempinski 2006).

- Gemeinsame Fortbildungsveranstaltungen für die Fachkräfte der Kindertageseinrichtungen und die Tagespflegepersonen
- Fachlicher Austausch – z. B. auch bei gemeinsamen Fachkongressen für Erzieherinnen und Tagespflegepersonen –, der zur Verständigung und gegenseitigen Bereicherung der Fachkräfte sowie zur Sicherung der Qualität in der Tagespflege beitragen soll.

Die lange und immer noch unvollständige Liste zeigt: Möglichkeiten der Kooperation sind vielfältig vorhanden. Den notwendigen Mut zur Umsetzung und den erforderlichen Blick fürs Ganze geben z. B. die Aktivitäten der Kommune Maintal in Hessen:

Gelebte Kooperation in Maintal

»Maintal ist eine Kleinstadt in der Nähe von Frankfurt/Main mit knapp 4.000 Einwohnerinnen und Einwohnern. Die Kommune ist traditionell bestrebt, sich durch Schaffung einer familienfreundlichen und sozialen Infrastruktur einen Standortvorteil zu sichern und auf diese Weise die Ansiedlung positiv zu beeinflussen. Es gibt elf städtische Kindertageseinrichtungen sowie sieben kleine Einrichtungen von Freien Trägern, ein Tagespflegeprojekt mit 20 bis 27 Tagesmüttern, sechs betreute Grundschulen, ein Mütter-/Familienzentrum, diverse Elterninitiativen und Angebote für Kinder und Familien von Vereinen. ... Die Gemeinde hat ein familienpolitisches Gesamtkonzept. Die institutionelle Kinderbetreuung und die Familientagesbetreuung sind in der städtischen Verwaltung im gleichen Fachbereich angesiedelt. Zu Beginn der Bündnisentwicklungen lag die fachliche Verantwortung für beide Bereiche bei der gleichen pädagogischen Fachkraft. Dies hat die Kooperationsentwicklungen sehr gefördert. ...

Nach 14 Jahren gelebter Kooperation erinnern sich die Praktikerinnen beider Seiten kaum noch an den seinerzeit auch vorhandenen Widerstand und die Abschottungstendenzen. Es ist heute selbstverständlich, ... aus den unterschiedlichen Erfahrungsfeldern heraus gemeinsam Perspektiven in der Kinderbetreuung und Familienbegleitung zu entwickeln. Gemeinsame Raum- und Materialnutzung ist ebenso bewährte Praxis wie die wohnortnahe Ausleihe von Spielmaterial und Büchern. Tageseinrichtungen und das Tagespflegeprojekt sind über die Jahre miteinander vertraut. Tagesmütter und Erzieherinnen treffen sich inzwischen nach individueller Absprache in ›ihrer Einrichtung um die Ecke‹. Eltern werden bei ihrer Suche und Vermittlung eines angemessenen Platzes für ihr Kind nicht einseitig beraten. Erzieherinnen und Tagesmütter wissen fachlich voneinander. Sie geben dieses Wissen an Eltern und Familien so weiter, dass am Ende die bestmögliche Betreuungslösung gefunden wird. Bei Fachveranstaltungen und Diskussionsforen sitzen Vertreterinnen beider Bereiche auf dem Podium. ...

Von entscheidender Bedeutung ist, dass die beiden Fachgruppen der Kinderbetreuungsbereiche sich positiv mit ihren Aufgaben, Kooperationsformen und dem städtischen Leitbild identifizieren. Das fachliche Neben- und Miteinander ist begleitet von gegenseitiger Akzeptanz und persönlicher und fachlicher Wertschätzung. Die Anerkennung der Tagespflegetätigkeit als Vorpraktikum bestärkte mehrfach Tagesmütter, sich zusätzlich zur Erzieherin auszubilden.« (Hahn 2005, S. 41 ff.)

Das ebenfalls in Maintal ansässige »Hessische Tagespflegebüro« hat ein Modellprojekt zur Kooperation von Tagespflege und Einrichtungen (TaKKT) angeregt, das in verschiedenen hessischen Modellregionen exemplarisch verlässliche Kooperationsstrukturen zwischen Tagespflege und Einrichtungen installiert und ausgewertet hat (Handreichung mit Praxishilfen aus dem Projekt s. S. 141).

4.3 Tagespflege online

Die wohl am meisten dem Zeitgeist entsprechende Form der Vernetzung geschieht elektronisch, weltweit und virtuell – via Internet. Wer heute »Kindertagespflege« in eine Suchmaschine eingibt, erhält circa 300.000 Einträge. Alle aktiven Akteure sind vertreten: Vereine und Verbände der Tagespflege, öffentliche

Tagespflege online

und freie Träger, Kommunen, gewerbliche Agenturen, einzelne Tagesmütter und -väter ... Daneben gibt es spezielle Plattformen, Foren, Portale für Tagespflege oder für allgemeinere Themen wie »Familie« oder »Bildung in der frühen Kindheit« mit eigenen Beiträgen zur Kindertagespflege (s. hierzu empfehlenswerte Adressen unter Internettipps auf S. 144). Die Inhalte umfassen Information, Öffentlichkeitsarbeit, Werbung, Erfahrungs- und Fachaustausch, Beratung und Qualifizierung.

Die Stärken des Mediums Internet liegen in den Möglichkeiten der Informationsvermittlung und der Öffentlichkeitswirksamkeit. Auch Internet-Foren, die dem Erfahrungsaustausch dienen, werden gut angenommen. Sie können helfen, die für die Tagespflegetätigkeit so typische soziale Isolation zumindest abzumildern. Häufig sind es jedoch nur wenige engagierte Personen, die die Beiträge eines Forums dominieren.

Die medial vermittelte Kommunikation per Internet ist eingeschränkt und lässt nur einen begrenzten zwischenmenschlichen Austausch zu. So kann das Internet face-to-face-Konzepte als zusätzliches Element zwar sinnvoll ergänzen, den persönlichen Kontakt von Mensch zu Mensch jedoch nie ersetzen. Das gilt sowohl für Beratung als auch für Qualifizierung. In allen pädagogischen und psycho-sozialen Berufen kommen Interaktion und Beziehung eine zentrale Bedeutung zu. Entsprechende Kompetenzen müssen in der Qualifizierung und der Praxisbegleitung im Zusammensein mit anderen Menschen gelernt, geübt und reflektiert werden. Diese Lernprozesse auf der Persönlichkeitsebene brauchen Zeit und entfalten erst durch wiederholtes Tun ihre Kraft. Partizipative Methoden wie direkter Erfahrungsaustausch, (Klein-)gruppenarbeit mit der nur in der persönlichen Begegnung entstehenden Gruppendynamik oder Rollenspiele unterstützen die Persönlichkeitsentwicklung in der Qualifizierung. Diese Methoden und das zwischenmenschliche Geschehen können virtuell nicht simuliert werden, son-

Neue fachliche Netzwerke

dern sind nur in der unmittelbaren Begegnung umsetz- und erlebbar. Für die Vermittlung von Tageskindern wird das Internet aus fachlicher Sicht als ungenügend erachtet. Fachvermittlung sollte immer durch eine pädagogische Fachkraft vorgenommen werden, die den Vermittlungsprozess begleitet und Eltern und Tagesmüttern beratend zur Seite steht.

Worauf es auch bei den neuen fachlichen Netzwerken ankommt, ist letztlich das, was in der Kindertagespflege immer zentral ist – durch fachliches und menschliches Handeln eine befriedigende Antwort auf die Fragen zu finden: Was brauchen die Kinder? Was brauchen die Eltern? Was brauchen die Tagesmütter, um ihre Arbeit gut zu machen?

Anhang

Literatur

Becker-Stoll, F. (2007): Eltern-Kind-Bindung und kindliche Entwicklung. In: F. Becker-Stoll & M.R. Textor (Hrsg.): Die Erzieherin-Kind-Beziehung. Zentrum von Bildung und Erziehung. Berlin, Mannheim. Cornelsen Scriptor

Bien, W./Rauschenbach, Th./Riedel, B. (Hrsg.) (2006): Wer betreut Deutschlands Kinder? DJI-Kinderbetreuungsstudie. Weinheim. Beltz Verlag

Deutscher Verein für öffentliche und private Fürsorge e.V. (2005): Überarbeitete Empfehlungen zur Ausgestaltung der Kindertagespflege nach den §§ 22, 23, 24 SGB VIII

Deutsches Institut für Jugendhilfe und Familienrecht e.V. DIJuF (2006): Erarbeitung von Finanzierungsmodellen der Kindertagespflege aus öffentlicher Hand unter Einbeziehung arbeits-, steuer- und versicherungsrechtlicher Faktoren. Gutachten im Auftrag des Deutschen Vereins für öffentliche und private Fürsorge e.V. Heidelberg

Gerszonowicz, E. (2006): Kindertagespflege – Möglichkeit der Tagesbetreuung für kleine Kinder. In: Bertelsmann Stiftung / Staatsinstitut für Frühpädagogik (IFP) (Hrsg.): Wach, neugierig, klug – Kinder unter 3. Ein Medienpaket für Kitas, Tagespflege und Spielgruppen. Verlag Bertelsmann Stiftung. Gütersloh

Gründler, E. C. (2004): Kooperation mit dem Säugling. In: www.familienhandbuch.de

Hahn, K. (2005): Familientagesbetreuung und Kindertageseinrichtung gemeinsam denken. In: TPS – Theorie und Praxis der Sozialpädagogik, Heft 7, S. 41–44

Hessisches Sozialministerium (Hrsg.) (2005): TaKKT. Tagespflege in Kooperation mit Kindertageseinrichtungen. Erfahrungen und Empfehlungen für die Praxis. Institut für Kinder- und Jugendhilfe (IKJ). Mainz. Die Broschüre ist kostenlos von den Internetseiten des Hessischen Sozialministeriums herunterzuladen.

Hessisches Tagespflegebüro (Hrsg.) (2006): Rechtsprobleme und Rechtsfragen in der Kindertagespflege. Lösungen und Antworten. Maintal (6. Auflage)

Hinke-Ruhnau, J. (2004): Tagespflege als Dienstleistungsunternehmen. Eine Konzepthilfe. In: ZeT 5/2004, S. 6–8

Keimeleder, L. (2004): Infrastruktur und Netzwerke. In: K. Jurczyk, Th. Rauschenbach, W. Tietze u. a.: Von der Tagespflege zur Familientagesbetreuung. Zur Zukunft öffentlich regulierter Kinderbetreuung in Privathaushalten. Weinheim. Beltz Verlag

Laewen, H.-J./Andres, B./Hédervári, É. (2003): Die ersten Tage – ein Modell zur Eingewöhnung in Krippe und Tagespflege. Weinheim. Beltz Verlag

Liegle, L. (2007): Pädagogische Konzepte und Bildungspläne – wie stehen sie zueinander? In: kindergarten heute 1/2007, S. 7–12

Limbach-Perl, M. (2007): Nicht ohne die Eltern. Worauf es bei der Erziehungspartnerschaft ankommt. In: ZeT 1/2007, S. 2–4

Münder, J. u. a. (2006): Frankfurter Kommentar zum SGB VIII; Kinder- und Jugendhilfe, 5. vollständig überarbeitete Auflage. Weinheim und München

Pikler, E. (2003): Lasst mir Zeit: Die selbständige Bewegungsentwicklung des Kindes bis zum freien Gehen. München

Pikler, E. (2007): Friedliche Babys – zufriedene Mütter. Pädagogische Ratschläge einer Kinderärztin. Freiburg. Verlag Herder

Pikler, E./Tardos, A. u. a. (2006): Miteinander vertraut werden. Wie wir mit Babys und kleinen Kindern gut umgehen – ein Ratgeber für junge Eltern. Freiburg. Verlag Herder

pme Familienservice GmbH in Kooperation mit Iris Vierheller (2007): Handlungsbedarfe in der Kindertagespflege. Unveröffentlichte Expertise. Berlin

Riedel, B. (2007a): Zwischen Beruf und Leihoma – zum aktuellen Profil der Kindertagespflege. In: KomDat Jugendhilfe Themenheft zur Kindertagesbetreuung, Nr. 1/07 vom Juni 2007, S. 7–9

Riedel, B. (2007b): Daten und Erläuterungen zur Tagespflege. In: Kinder, Krippen, Kosten – Fakten zur Kinderbetreuungsdebatte. Aktuelle Daten aus der Auswertung der amtlichen Kinder- und Jugendhilfestatistik auf der Website des Deutschen Jugendinstituts, Thema 2007

Romberg, J. (2002): Aufbruch mit Null. In: Laewen/A. (Hrsg.): Forscher, Künstler, Konstrukteure. Berlin. Luchterhand

van Santen, E./Schilling, M./Seckinger, M./Wächter, F. u. a. (2006): Untersuchung zum Ausbau der Kindertagesbetreuung für unter 3-jährige Kinder. Deutsches Jugendinstitut und ›Arbeitsstelle Kinder- und Jugendhilfestatistik‹ der Universität Dortmund. München

Schmid, H./Wiesner, R. (2005): Rechtsfragen der Tagespflege nach dem Tagesbetreuungsausbaugesetz. In: Zentralblatt für Jugendrecht (ZfJ), Heft 7/8 2005, S. 274–282

Schumann, M. (2004): Formenvielfalt. In: K. Jurczyk, Th. Rauschenbach, W. Tietze u. a. (Hrsg.): Von der Tagespflege zur Familientagesbetreuung. Zur Zukunft öffentlich regulierter Kinderbetreuung in Privathaushalten. Weinheim. Beltz Verlag

Stempinski, S. (2006): Kopperation zwischen Kindertageseinrichtigungen und Kindertagespflege; hrsg. v. Bertelsmann Stiftung. Gütersloh

Stempinski, S. (2007): Vielseitiger als gedacht … Die verschiedenen Gesichter der Tagespflege. In: ZeT 3/2007, S. 2–4

Struck, J. (2006): Dritter Abschnitt. Förderung von Kindern in Tageseinrichtungen und in Kindertagespflege. In: R. Wiesner (Hrsg.): SGB VIII Kinder und Jugendhilfe, 3. völlig überarbeitete Auflage, München

Tagesmütter Bundesverband für Kinderbetreuung in Tagespflege e.V. tmBV (Hrsg.) (2002): Fachliche Empfehlungen zur Tagespflege. Meerbusch

Tagesmütter Bundesverband für Kinderbetreuung in Tagespflege e.V. tmBV (Hrsg.) (2005): Beraten, Vermitteln, Qualifizieren, Begleiten. Von Anfang an: Kindertagespflege. Krefeld

Tardos, Anna (2003): Beziehungsvolle Säuglingspflege nach Emmi Pikler. In: ZeT 4/2003, S. 22–23

Völschow, Y. (2004): Sein Licht nicht unter den Scheffel stellen. So treten Sie professionell auf. In: ZeT 5/2004, S. 10–11

Weiß, K. (2004): Qualität – Aufbau, Sicherung, Feststellung. In: K. Jurczyk, Th. Rauschenbach, W. Tietze u. a. (Hrsg.): Von der Tagespflege zur Familientagesbetreuung. Zur Zukunft öffentlich regulierter Kinderbetreuung in Privathaushalten. Weinheim. Beltz Verlag

Weiß, K. (2005): Mit einer sicheren Bindung Vertrauen aufbauen. In: ZeT 4/2005, S. 2–5

Weiß, K. unter Mitarbeit von Kügler, K. (2006): Kindertagespflege in Familien. Das Angebot der Stadt München. Bericht zur Evaluation der Zufriedenheit von Eltern, Tagesbetreuungspersonen und sozialpädagogischen Fachkräften, hrsg. von der Landeshauptstadt München, Sozialreferat Stadtjugendamt, Abteilung Kindertagesbetreuung. München

Weiß, K. (2007): Tagespflege nach §§ 22, 23, 24 SGB VIII. Stuttgart/München. Boorberg Verlag

Weiß, K./Stempinski, S./Schumann, M./Keimeleder, L. (2007): Qualifizierung in der Kindertagespflege. Das DJI-Curriculum »Fortbildung von Tagesmüttern«. Freiburg. Kallmeyer Verlag, 2. Auflage

Wiesner, R. (Hrsg.) (2006): SGB VIII Kinder und Jugendhilfe, 3. völlig überarbeitete Auflage, München

Winner, A. (2007): Kleinkinder ergreifen das Wort. Sprachförderung mit Kindern von 0 bis 4 Jahren. Berlin, Mannheim. Cornelsen Scriptor

Zuchold, B.: Von der Erzieherin zur Tagesmutter. Erfahrungsbericht einer Tagesmutter aus den neuen Bundesländern. In: ZeT 6/2001, S. 18–19

Zühlke, K.-D.: Kostenrechnungsmodell für Tagespflegepersonen. Wie eine leistungsgerechte Vergütung aussehen kann. In: ZeT 3/2006, S. 5–7

Filmtipps

Bertelsmann Stiftung (Hrsg.) (2007): Wach, neugierig, klug – Kinder unter 3. Informationen und Szenen zur Entwicklung von Kindern (Fortbildungsmaterial) (DVD und Begleitheft). Verlag Bertelsmann Stiftung, Gütersloh

Bertelsmann Stiftung/Staatsinstitut für Frühpädagogik IFP (Hrsg.) (2006): Wach, neugierig, klug – Kinder unter 3. Ein Medienpaket für Kitas, Tagespflege und Spielgruppen. Verlag Bertelsmann Stiftung, Gütersloh

Donata Elschenbroich/Otto Schneider (2005): DVD »Im Frühlicht«. DJI, gefördert vom BMFSFJ

Tagesmütterverein »Sonnenau e.V., Dresden«: »Wundervolle Kinder – Bildungsort Lebensalltag« (DVD) unter Förderung des Sächsischen Staatsministeriums für Soziales. Zu bestellen unter: info@wundervollekinder.de

Anna Tardos und Geneviève Appell: Video »Die Aufmerksamkeit des Säuglings während des Spiels«

Anna Tardos und Geneviève Appell: Video »Aufmerksames Miteinander«

Anna Tardos und Ágnes Szántó: Video »Sich frei bewegen«

Maria Vincze und Geneviève Appell: »Säuglinge und Kleinkinder untereinander«

Bernard Martino: »Lóczy, wo kleine Menschen groß werden«. Dokumentarfilm über das Säuglingsheim von Emmi Pikler in Budapest

Die Videos aus dem Kinderheim Lóczy sind formlos per Fax oder Post zu bestellen über WE, Wege der Entfaltung e.V., Mauerkirchnerstr. 11, 81679 München, Fax: 089/98 13 28. Mit dem Erlös der Videos wird das Heim (Emmi-Pikler-Institut) unterstützt.

Internettipps

www.tagesmuetter-bundesverband.de
(=Internetadresse des Bundesverbandes für Kindertagespflege e.V.)
www.handbuch-kindertagespflege.de
www.familien-fuer-kinder.de/forum/index
www.familienhandbuch.de
www.kindergartenpaedagogik.de
www.rahmenplan.de
www.wissen-und-wachsen.de
www.bildungsserver.de